ÉTUDES

DE

LÉGISLATIONS COMPARÉES.

Douai. — Imp. DECHRISTÉ, rue Jean-de-Bologne.

ÉTUDES DE LÉGISLATIONS COMPARÉES.

LE DROIT PAYEN
ET
LE DROIT CHRÉTIEN

Par CHARLES CARPENTIER.

Scriptum est : *Perdam sapientiam sapientium, et prudentiam prudentium reprobabo.*

S. Paul, 1, Cor. 19.

III.

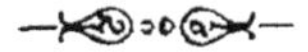

PARIS,

A. DURAND et PEDONE LAURIEL, libraires, 9, rue Cujas.

Ernest THORIN, libraire, 58, boulevard St.-Michel.

1868.

TROISIÈME ÉTUDE.

DU DROIT DE MUTILATION, DE BLESSURES ET DE COUPS DANS LA FAMILLE, SOUS LE PAGANISME, et DE L'ABOLITION DE CE DROIT PAR LA LÉGISLATION CHRÉTIENNE.

SECTION PREMIÈRE.

DROIT PAYEN.

CHAPITRE Ier

Exposé préliminaire.

D'après certains jurisconsultes, la mutilation proprement dite est l'amputation de quelque partie externe du corps humain, douée d'une fonction spécifique, et dont la perte n'entraîne pas nécessairement celle de la vie.

Ainsi : les pieds, les mains, les organes génitaux, les yeux, la langue, sans les quels certaines fonctions *spécifiques* ne sauraient s'exercer, rentrent dans cette définition, et leur amputation constitue, dans le sens de ce mot, une *mutilation*.

Il existe d'autres parties externes du corps,

dont la privation n'interrompt aucune de ses fonctions essentielles : telles sont, par exemple, les oreilles, le nez et les dents; d'après les mêmes jurisconsultes, l'ablation totale ou partielle de ces parties constitue plutôt une *défiguration* qu'une *mutilation*.

Nous déclarons, quant à nous, que nous n'entrerons pas dans ces distinctions, parce qu'elles nous paraissent inutiles, et nous comprendrons, sous le titre de mutilation, en général, le retranchement de ces diverses parties du corps humain.

Toutefois, il existe une espèce de mutilation qui mérite un examen à part, parce qu'elle a joué un rôle important dans l'histoire des sociétés anciennes : nous voulons parler de la *castration*. Pour traiter ce sujet, avec la mesure et l'étendue convenables, nous serons obligés d'y consacrer un chapitre particulier.

Parmi les blessures, dont la variété est infinie, nous porterons principalement notre attention sur la *circoncision*, sur les *stigmates* ou la marque, et sur un usage, très-répandu parmi les nations payennes, qui consistait à se lacérer les chairs, ou à se défigurer de diverses manières, pour attester sa douleur dans les funérailles, ou pour honorer les dieux.

Sous le titre de coups, en général, nous parlerons de la bastonnade, de la fustigation, et de la flagellation c'est-à-dire de l'application des coups à l'aide des bâtons, des verges ou des fouets, et nous nous attacherons à démontrer que les coups, en général, étaient universellement admis comme moyen de répression ou de correction, non seulement dans l'état, mais dans les familles.

Du moment où il a été établi, en thèse générale, qne les chefs de famille avaient le droit de tuer arbitrairement et impunément leurs esclaves, leurs enfants, et même leurs femmes, il a été établi, par voie de conséquence, qu'ils avaient aussi le droit de les mutiler, de les blesser et de les frapper.

En effet, le droit absolu de vie et de mort implique nécessairement le droit de mutilation, de blessures et de coups, et cette proposition est même tellement évidente qu'elle n'a pas besoin de démonstration.

Mais nous produirons des documents historiques qui achèveront de faire connaître, sous ce rapport, la constitution de la famille payenne, et c'est dans ces documents, encore peu connus, que consistera principalement l'intérêt de cette première section.

Nous mettrons, d'ailleurs, en lumière quelques principes que nous retrouverons plus tard, lorsque nous comparerons le système de la justice civile et criminelle du paganisme, avec le système de procédure et de répression adopté par le Christianisme, et, à ce point de vue encore, il est indispensable de nous livrer à ce travail, pour déblayer le terrain, et préparer la discussion.

Efforçons-nous donc d'aller vite, et, sans perdre un instant, entrons en matière.

CHAPITRE II.

Du droit de mutilation, en général.

Pour bien faire comprendre la fréquence des mutilations en général, dans l'antiquité payenne, nous devons, d'abord, faire remarquer que presque toutes les anciennes législations, notamment dans l'orient, avaient considéré que la peine de la mutilation n'était pas moins indispensable que la peine de mort, et l'avaient prononcée, avec une effrayante prodigalité, pour punir les infractions les plus légères.

Parmi ces législations, il importe de citer, notamment, celles de l'Inde, de la Chine et de l'Egypte : quelques exemples, tirés des documents les plus anciens et les plus authentiques de ces contrées, nous permettront de faire accepter plus aisément les autres faits que nous serons obligés de rapporter.

Le Code de Manou avait déterminé dix endroits où l'on pouvait infliger une peine aux hommes des trois dernières classes; ces dix endroits étaient : les *organes de la génération*, le ventre, la langue, les deux mains, les deux pieds, l'œil, le nez, les deux oreilles, — les biens — *et le corps ;* — (pour les crimes qui emportaient la peine capitale).

Les *simples injures verbales*, adressées par des hommes de la dernière classe à des dwidjas, lorsqu'elles étaient graves, entraînaient la mutilation de la *langue*.

Les mauvais traitements exercés par des hommes de basse naissance envers *un supérieur*, entraînaient la mutilation du membre dont ils s'étaient servi pour les exercer : s'ils avaient levé la main, ils devaient avoir *la main* coupée; s'ils avaient donné un coup de pied, on leur coupait *le pied ;* s'ils avaient craché sur un brahmane, on leur enlevait *les deux lèvres ;* s'ils avaient pris un brahmane par les cheveux, par les pieds, par la barbe, par le cou ou par la bouche, on leur faisait couper *les deux mains*.

Les voleurs, les recéleurs et leurs complices avaient, généralement, la *main* coupée, et il y avait une disposition spéciale qui portait que, quel que fût le membre dont un voleur s'était servi pour nuire aux gens, on devait lui couper ce membre.

On coupait *deux doigts* à un coupeur de bourses, pour le premier vol ; en cas de récidive, un pied et une main.

Ceux qui attachaient des animaux *libres,* appartenant à autrui, ou qui mettaient en liberté ceux qui étaient attachés, étaient mutilés comme les voleurs ; enfin, l'homme ou la femme qui souillaient, par certains moyens, une jeune fille, avait *les doigts coupés.* (1)

Dans le Chou-King, ou le livre supérieur de la Chine, on trouve des textes comme ceux-ci :

« S'il y a parmi vous des *gens vicieux* ou de *mauvaises mœurs,* s'il y a des gens *trompeurs* ou de *mauvaise foi,* et des *voleurs,* j'ordonnerai qu'*on leur coupe le nez* : (2) »

On voit que cette formule était très-large, et permettait d'appliquer cette peine à peu près arbitrairement : les seules restrictions qui paraissent avoir été apportées se trouvaient dans les textes suivants -

« S'il faut couper à quelqu'un les *oreilles* ou *le nez,* ne le faites pas selon vos inclinations particulières, mais selon la justice.

» On délivre un accusé des marques noires sur le visage, de l'amputation du *nez* ou des *pieds,* de la *castration* ou de la *mort,* quand

---

(1) Lois de Manou, liv. 8, §§ 125, 270, 322, 325, 342, 367, 370, et liv. 9, §§ 277 et 278.

(2) Chou-King, part. 3 ch. 8, n° 15.

on *doute* du cas où l'on doit employer ces peines. » (1)

Il était, d'ailleurs, permis de se racheter.

On mutilait, en Egypte, comme dans l'Inde et dans la Chine.

L'histoire rapporte qu'il y avait, dans ce pays, un prince appelé Actisanès qui faisait couper *le nez* à tous les voleurs, et les envoyait demeurer dans une ville qu'il avait fait bâtir, sur les bords de la mer.

On appelait cette ville : *Rhinocolure*, (d'un mot grec qui signifie les nez coupés). Elle se trouvait dans la Basse-Egypte, du côté de la Palestine. (2)

On peut juger, par ces exemples, si, *au moment où Jésus-Christ parut*, la peine de la mutilation était consacrée par les lois, non seulement chez les peuples de l'Orient, mais chez d'autres peuples de l'Afrique, de l'Asie, et même de l'Europe, qu'il est inutile d'indiquer. (3)

Avant de quitter l'Egypte, nous devons rapporter un fait intéressant :

Hécatée d'Abdère, en parlant d'un monument des Egyptiens, avait raconté qu'on avait représenté, sur une muraille, *des captifs* du roi

---

(1) Chou-King, part. 4, ch. IX, n° 10, et part. 4, ch. 27, n° 18.

(2) Diodore de Sic. liv. 1, sect. 2. — ρίν χολευῶ.

(3) Voy. Koran, ch. 5, v. 37 et 42, et notes de Kasimirski, etc.

dont on avait coupé les mains et les organes génitaux. (1)

Le hasard a voulu que le témoignage de cet historien fût confirmé, dans ces derniers temps, par la découverte du bas-relief auquel il faisait allusion.

Champollion a écrit qu'il existait à Thèbes, sur la face extérieure du palais exposée au sud, un bas-relief qui représentait divers épisodes d'un combat naval : On y lisait cette inscription : « conduite des *prisonniers;* — ils sont au nombre de mille, » et plus loin : « *mains coupées, trois mille! Phallus, trois mille!* » (2)

Le moment est venu de nous occuper de la manière dont on traitait les prisonniers de guerre, c'est-à-dire *les esclaves :* car, — ainsi que nous l'avons vu, — tous les prisonniers de guerre qui n'étaient pas mis à mort étaient ou devenaient esclaves *de plein droit.*

L'usage de mutiler, *après la victoire,* les prisonniers de guerre, et même toutes populations *désarmées* qu'on voulait réduire à l'obéissance, est une atrocité tellement odieuse, qu'elle doit paraître invraisemblable : Cet usage était pourtant général, et ne soulevait

---

(1) In secundo pariete, captivi regis trahuntur absque virilibus et manibus effigiati. (Didot, fragm. histor. Græc. t. 2. n° 390.)

(2) Champ. lettres sur l'Egypte.

alors, dans l'antiquité payenne, les protestations de personne.

S'il fallait énumérer toutes les mutilations des mains, des pieds, des oreilles, des yeux, de la langue, etc., qui ont été racontées dans les histoires des Babyloniens, des Carthaginois, des Thraces, des Lusitaniens, des Gaulois et des autres peuples, il faudrait écrire, sur ce sujet, non pas un chapitre, mais un volume.(1)

Pour éclairer, à cet égard, ceux qui nous représentent à chaque instant la civilisation des anciens sous des couleurs si séduisantes, nous choisirons seulement quelques traits tirés de l'histoire des peuples qui brillèrent du plus vif éclat : — nous avons nommé les Perses, les Grecs et les Romains.

Quand Alexandre, suivi de son armée victorieuse, fit son entrée à Persépolis, capitale des anciens rois de Perse, *huit cents prisonniers grecs,* pris par le roi prédécesseur de Darius, se présentèrent à lui. Ils avaient tous quelque partie du corps coupée : aux uns, c'était les mains ; aux autres, les pieds; à ceux-ci les oreilles ; chez d'autres on ne voyait plus, à la place du nez, que le trou des narines!

---

(1) Alios pedibus, quosdam manibus, auribus-que amputatis.... nec quidquàm in illis præter vocem poterat agnosci. Quinte-Curce. liv. 5. § 5. Diod. de sic. liv. 18, § 16. — Quint. Curc. liv· 3, § 8. — Procope, guerre contre les Perses, liv. 1, ch. 6. — Ammien. — Marcellin, liv 19.

Quand ce même Alexandre arriva sur les bords de l'Araxe, il trouva *quatre mille captifs grecs,* environ, qui étaient tous sans oreilles, sans mains, sans pieds et le corps marqué, avec un fer chaud, de caractères barbares.

Enfin, Darius lui-même faisait couper les mains des soldats blessés ou malades qui ne pouvaient suivre le gros de l'armée d'Alexandre, et après les avoir fait promener dans son camp, il les renvoyait au roi !

La république d'Athènes fit couper *le pouce de la main droite à toute la jeunesse d'Egine,* afin d'empêcher que ce peuple, qui était maître d'une flotte puissante, ne lui disputât l'empire de la mer.

Une autre fois, tandis que les Athéniens disputaient aux Spartiates l'hégémonie de la Grèce, ils décidèrent que, s'ils étaient vainqueurs, ils couperaient *la main droite* à tous leurs prisonniers : Il n'y eut, dit Xénophon, qu'un Athénien, nommé Adimante, qui se leva dans l'assembée, pour s'opposer au décret *relatif aux mains coupées.* (1)

Dans leurs guerres contre les Thraces, les Daces, les Sarmates, les Liguriens, les Carthaginois, les Cantabres, les Astures, les Romains

---

(1) Valère, Maxime l. 9, ch. 2. — Elien, l. 2, ch. 9. — Plutarque, vie de Lysandre, § 16 et Xénophon, Hist. Grecq. l. 2, ch. 1.

coupaient aussi *la main à ceux qu'ils prenaient.* (1)

Dans la Gaule, Jules-César, après ses victoires sur les habitans de Cahors et d'Uxellodunum, fit *couper les mains* à tous ceux qui avaient porté les armes : Titus, au siége de Jérusalem, fit couper les mains aux juifs désarmés qui s'enfuyaient hors de la ville, et les renvoya, dans cet état, à Jean et à Simon qui commandaient les assiégés. (2)

Après avoir ainsi constaté que les anciens avaient admis la mutilation, dans leurs lois pénales et dans leurs guerres, et la pratiquaient avec cruauté, dans les plus larges proportions, nous allons, maintenant, jeter un rapide coup d'œil dans l'intérieur des familles payennes.

Assurément, l'histoire n'a pas noté tous les actes de justice sommaire qui se sont accomplis, sous la protection des lois, dans le mystère des habitations privées, et il est plus aisé de deviner ces drames domestiques que de les raconter : nous en raconterons, toutefois, quelques-uns.

Il y avait, autrefois, une contrée qui occu-

---

(1) Florus, l. 3, § 4. Tite-Live, l. 22, § 23, l. 26, § 12. —Dion-Cassuis, Fragm. l. 1, § 27 l. 51 § 25 l. 53, § 29.

(2) Jules César, de Bell-Gallic. l. 8, ch. 44. Appien Excerpt. Ex libr. 8. — suppl. de la guerre des Gaules par Hirtius Pansa, l. 8, Comm.

Josèphe, guerre des juifs, l. 5. ch. 26.

pait une grande partie de l'Asie, depuis les sources de l'Indus jusqu'au Borythènes, et qui s'appelait la Scythie, en deçà et au delà de l'Imaüs : Que se passait-il dans cette contrée?

Il serait impossible de le croire, si l'état général de la civilisation de ce temps ne venait confirmer les assertions de l'histoire.

Non seulement, dans la Scythie, on pratiquait tous les genres de mutilation, mais, dit Hérodote, les maîtres *crevaient les yeux* à tous leurs esclaves qu'ils employaient à travailler le lait, dont ils faisaient leur seule nourriture. (1)

Ainsi, sans avoir commis aucune faute, et uniquement pour les attacher, sans distraction, à leur service, les Scythes condamnaient des multitudes d'hommes à subir le supplice de la privation de la vue, mille fois plus intorérable que celui de la privation des autres sens !

Comment s'étonner, après cela, de l'impunité avec laquelle les maîtres pouvaient mutiler leurs esclaves, quand ils avaient contre eux des motifs de mécontentement sérieux, et qu'ils devaient les corriger ou les punir ?

Homère raconte que le sage Ulysse, de retour dans sa petite île d'Ithaque, apprit qu'un de ses gardeurs de chèvres, appelé Mélauthe, l'avait trahi ; il le fit arrêter et lui fit couper

---

(1) Servos autem *cunctos* excœcant Scythæ, lactis causâ, etc. (Hérod. l. 4, § 2).

le nez, les oreilles, les pieds et les mains. L'auteur ajoute même, qu'après lui avoir fait couper aussi les organes de la virilité, il les fit jeter aux chiens.

Ces procédés n'étaient sans doute pas rares, même en Grèce, car, on voit encore, dans l'Odyssée, qu'Echetus, qui demeurait en Epire, se conduisait envers ses esclaves, comme Ulysse envers Mélanthe; On y voit même, que lorsque les maîtres voulaient se faire obéir par leurs esclaves, ils les menaçaient de les envoyer chez Echetus. (1)

A Rome, dans les premiers temps qui suivirent la naissance de Jésus-Christ, le successeur de Tibère donnait un jour un repas public; un esclave eut le malheur de détacher d'un lit une lame d'argent; On lui fit immédiatement couper les mains : on les pendit, en guise de collier, autour de son cou, et on le fit promener de table en table, avec un écriteau indiquant la cause de son châtiment. (2)

Nous ne savons pas si quelques romains ne furent pas secrètement révoltés par ce spectacle; mais ce que nous savons, c'est qu'à l'époque de Jésus-Christ, cette mutilation sur les

---

(1) Homère, Odyss. l. 18, v. 474 et suiv.

(2) Suétone, vie de Caligula, § 32.

esclaves n'était encore interdite par aucune loi dans l'empire romain. (1)

C'était surtout contre les esclaves *fugitifs*, que les mutilations les plus cruelles étaient exercées.

Quand on parvenait à les reprendre, on leur coupait habituellement un pied, pour les empêcher de marcher; quelquefois même, on leur coupait les deux pieds et les deux mains.

Nous trouvons encore la trace de ces coutumes abominables dans une loi de l'empereur Constantin, insérée au Code, et nous voyons que, plus de cinq cents ans après Jésus-Christ, l'empereur Justinien était obligé de promulguer une loi nouvelle pour interdire qu'on leur coupât *tout à la fois*, les deux mains et les deux pieds. (2)

Sans doute, ce droit de mutilation devait être exercé plus rarement par les maris sur leurs femmes, et par les pères et mères sur leurs enfants, mais comme il était virtuellement contenu dans leur droit absolu de vie et de mort, il n'est pas possible de le révoquer en doute.

Nous ne trouvons qu'un cas où les pères et

(1) Cum in servum omnia Liceant... (Sénèque, l. 1, de clementiâ, ch. 18.)

(2) Si fugitivi servi deprehendantur ad barbaros transeuntes, *pede amputato* debilitentur, etc. (Cod. l. 6, tit. 1, l. 3.) interdicimus alterutros manus aut pedes abscindi (Auth. Collat. IX, tit. 17. nov. 13.

mères qui mutilaient leurs enfants étaient punis ; c'est celui où ils les mutilaient pour les rendre impropres au service militaire.

Suétone rapporte qu'Auguste fit vendre, *sous la pique*, un chevalier romain qui avait coupé le pouce à ses deux fils, pour empêcher qu'ils ne fussent enrôlés, et Trajan condamna à la déportation un homme qui avait mutilé son fils pour le même motif. (1)

Il reste donc bien démontré, quoique sommairement, — que, sur toute la terre, *avant Jésus-Christ*, on admettait la mutilation, en général, et nous pouvons ajouter que si nous ne produisons pas des preuves plus nombreuses, à l'appui de cette première thèse, ce n'est pas parce que ces preuves manquent, mais parce que nous sommes forcés d'abréger.

---

(1) Suétone, vie d'Aug. n° 24 — et Digest. l. 49, l. 4, § 12.

CHAPITRE III.

Du droit de castration.

L'idée d'employer la castration comme moyen d'intimidation et de répression remonte à la plus haute antiquité, car nous la trouvons consacrée par les lois du plus ancien législateur de l'Inde.

Ainsi, — dans l'Inde, — le Soudrâ qui entretenait un commerce criminel avec une femme appartenant à l'une des trois premières classes, gardée à la maison ou non gardée, devait, selon les expressions mêmes de la loi, « *être privé du membre coupable.* » (1)

Nous avons déjà vu, par le *Chou-King,* que, dans l'empire de la Chine, la castration était aussi appliquée à *titre de peine :* nous voyons

(1) L. de Manou. liv. 8. n° 374.

encore que, chez les Egyptiens,—comme chez quelques autres peuples, — on rendait eunuque celui qui avait violé une femme libre, ou commis un adultère. (1)

Quand on ne cherche, dans les lois, que l'utilité pratique qui peut en résulter pour la société, sans se préoccuper du respect qui est dû à la créature humaine, — *alors même qu'elle est coupable,* — on peut dire que ce système de répression était aussi juste que rationnel.

Du moment, en effet, où il était permis de mutiler les hommes, il devait paraître évident à tout le monde que la meilleure manière de prévenir le retour des viols, des adultères et de quelques autres attentats à la pudeur, sur des personnes libres, c'était de mettre leurs auteurs dans l'impossibilité de recommencer.

Mais en dehors même des cas prévus par les lois pénales, tous les peuples de l'antiquité, avant Jésus-Christ, avaient admis la castration dans la vie privée, et la considéraient comme parfaitement permise et légitime.

Dans quel but?

Nous serions dans l'impossibilité de faire

(1) Chou-King, partie 4, ch. 28, n° 18, — le traducteur ajoute : « c'est, sans doute, ce supplice qui a donné naissance à cette foule d'hommes destinés, dans la suite, à la garde des femmes. — Diodor de Sic. l. 1, sect. II.
—Castratos fuisse Romæ et Athenis adulteros notissimum Ex Martiale, Horatio, Terentio, et aliis. (Thes. antiq. Grœc. t. 8. p. 1406, et t. 6. p. 3696.)

connaître avec exactitude la véritable pensée des payens, sur ce point, si nous n'avions un écrivain contemporain de Socrate, d'Epaminondas et de Cyrus-le-Jeune, qui s'est chargé de donner à la postérité l'explication de ce problème.

Cet auteur est Xénophon.

Pour éviter de substituer des appréciations contestables à des témoignages précis, nous allons le laisser parler lui-même :

« On ne doit jamais, dit-il, compter sur la fidélité d'un homme qui en aime plus un autre que celui qu'il doit servir. Ceux qui ont des *enfants*, des *femmes*, des *mignons*, avec qui ils vivent en bonne intelligence, sont naturellement portés à les chérir plus que tous les autres. Les eunuques, au contraire, étant privés de ces affections, se dévouent sans réserve à ceux qui peuvent les enrichir, leur venir en aide, si on les opprime, et les élever aux honneurs. De plus, comme les Eunuques sont ordinairement méprisés, ils ont besoin d'être à un maître qui les défende, parce qu'il n'y a point d'homme qui ne veuille, en toute occasion, l'emporter sur un eunuque, à moins que ce dernier ne soit protégé par un plus fort ; quant à ce qu'on dit fréquemment que les eunuques sont des lâches, ce fait est loin d'être démontré. En considérant les animaux, on voit que les chevaux fougueux qu'on a coupés cessent de mordre et de ruer, et ne sont pas moins propres à la guerre. Les taureaux coupés perdent leur humeur sauvage et indocile, sans cesser d'être vigoureux et propres au travail. Les chiens coupés sont moins disposés à quitter leur maîtres, et ne sont pas moins bons, et pour la garde, et pour la chasse : *il en est de même des hommes affranchis de la source du désir.* Ils deviennent plus calmes mais n'en sont ni moins prompts à exécuter ce qu'on leur ordonne, ni moins adroits à monter à cheval, à lancer le javelot, ni moins avides de gloire. Ils montrent, au contraire, tous les jours, par leur ardeur, soit à la guerre, soit à la chasse, que l'émulation n'est pas éteinte dans leurs âmes. Quant à leur fidélité, c'est surtout à la mort de leurs maîtres qu'ils en ont donné des preuves : Jamais personne ne s'est montré, plus que les Eunuques, fidèles aux malheurs de leurs maîtres, et s'ils paraissent perdre quelque chose de leur force physique, le fer, dans une bataille, égale les faibles aux plus vigoureux (1). »

Nous avons voulu produire ce passage tout entier pour montrer combien l'usage de la castration, *appliquée à l'espèce humaine,* pouvait

(1) Cyropédie, liv. 7, ch. 5.

se justifier par des raisons solides et sérieuses, *au point de vue du paganisme :* tout ce que Xénophon a dit, paraît, en effet, fondé sur l'observation la plus exacte de la nature et l'expérience la mieux établie.

On s'accordait unanimement à reconnaître que les eunuques avaient des qualités qu'on ne rencontrait pas au même degré dans les organisations où dominait l'ardeur des sens, et qu'ils possédaient des aptitudes privilégiées et supérieures pour certaines fonctions (1).

Dans les familles riches, personne ne pouvait rendre plus de services qu'eux pour la garde des femmes, pour l'éducation des enfants, la surveillance des esclaves, l'intendance des fermes, l'administration et la comptabilité domestiques.

Dans les cours, ils se faisaient remarquer par leur intelligence pour la négociation des affaires, leur habileté dans les intrigues de palais, leur activité dans le commandement des armées, et même par leur zèle féroce et fanatique, quand ils recevaient la mission de com-

---

(1) Quippè apud barbaros eunuchi pretiosores sunt his qui non sunt castrati, et *major illis in omnibus rebus fides* habetur. (Herod., l. 8, § 105.)

mettre quelque grand crime dans l'intérêt du prince ou de l'Etat (1).

Aussi, les eunuques étaient-ils très-recherchés, et la castration sur les jeunes enfants était-elle pratiquée, partout, dès les temps les plus réculés.

Ammien-Marcellin a écrit que c'était Semiramis, femme de Ninus, roi de Babylone, qui, avait imaginé, la première, de faire mutiler de jeunes enfants mâles (2).

Si ce fait est exact, on voit que cet usage remonterait à plus de *deux mille ans* avant Jésus-Christ, et aurait pris naissance dans le grand empire d'Assyrie : Il est au moins bien établi, par tous les historiens anciens, que la castration des jeunes enfants était pratiquée, très-longtemps avant le christianisme, chez la plupart des peuples de l'Asie, et même de l'Europe.

L'historien juif Josèphe rapporte que Nabuchodonosor II, surnommé le grand, et qui fit la conquête d'une partie de l'Asie, *avait coutume* de faire mutiler ainsi des *enfants* parmi *toutes les nations qu'il avait vaincues* : Après le

---

(1) Per spadones quosdam, talium ministeriis facinorum acceptos regibus, veneno subtulisse... (Tit-Live, l. 25, § 15.)

(2) Semiramidis, reginæ illius veteris, quæ *teneros mares castravit*, omnium prima. (Amm. Marc., l. 14.)

siège de Jérusalem, il prit même ceux qui étaient les plus agréables et les mieux faits, parmi les parents du roi Sedécias et les autres enfants de la plus illustre naissance, et après les avoir fait eunuques, il leur donna des précepteurs (1).

Quand l'empire d'Assyrie passa sous la domination des Perses, Cyrus n'eut rien de plus pressé que d'organiser, à Babylone même, un corps d'eunuques chargé de garder sa personne, et d'occuper toutes les portes de son palais.

Un de ses successeurs avait divisé son gouvernement en cent vingt satrapies : Babylone, et la portion de pays qui en dépendait, devaient, à elles seules, lui fournir, à titre d'impôts, mille talents et *cinq cents eunuques* (2).

On trouve, dans le livre d'Esther, des détails fort curieux, et que nous ne pouvons résister au désir de faire connaître :

Environ cinq cents ans avant Jésus-Christ, un des Assuérus qui régnait depuis les Indes jusqu'à l'Ethiopie, sur cent vingt-sept provinces, et que l'on croit être Darius, fils d'Histaspès, voulut donner un festin à tous les fonc-

---

(1) Josèphe, *hist. des Juifs*, liv. X, ch. XI.

(2) Hérodote, liv. 2.

tionnaires de son royaume et à tout le peuple de sa capitale :

Il se trouvait, alors, à Suse, ville située à cent lieues de Babylone, et qui était la résidence d'hiver des rois de Perse.

Tous les lits, sur lesquels les convives étaient couchés, suivant la coutume antique, étaient d'or et d'argent ; des tapisseries, couleur bleu céleste et jacinthe, flottaient au-dessus de leurs têtes ; ces tapisseries étaient soutenues par des colonnes de marbre et relevées par des cordons teints en écarlate, attachés à des anneaux d'ivoire ; les pavés étaient de porphyre et de marbre blanc, enrichis de figures en mosaïques, la vaiselle était toute d'or (1).

Au milieu de toutes ces splendeurs, quels étaient les grands qui entouraient le souverain?

Ses eunuques !

En général, quand les Perses s'emparaient d'une ville, ils faisaient mettre à part tous les enfants d'une figure agréable, et, par une galanterie bien digne de ce temps, ils envoyaient les plus belles filles au roi, et gardaient les mâles pour les faire mutiler.

Hérodote nous montre leurs généraux faisant des propositions de paix aux tyrans de l'Ionie,

---

(1) Esther, I 6, 7, 8, et 10. Rois XXV, 17. Paralip. XXVIII, 1.

qui s'étaient réfugiés chez les Mèdes, et terminant leurs discours par ces paroles caractéristiques, qui peignent bien les mœurs des anciens peuples :

« Dites-leur que, vaincus, ils seront tous » esclaves, leurs enfants mâles faits eunuques » et leurs filles transportées à Bactres. » (1).

Nous n'en finirions pas avec ce peuple : Parlons des Mèdes.

Les Mèdes, qui ressemblaient beaucoup aux Perses, et finirent par se confondre avec eux, avaient aussi beaucoup d'eunuques, car Athénée rapporte, sur le témoignage de Cléarque de Soli, qu'ils s'en servaient *pour assouvir leurs voluptés* (2).

Tout le monde se souvient du rôle que les eunuques ont joué dans la cour des rois d'Egypte : On sait que c'est par eux que Cléopâtre fit accuser Ptolémée-Philométor de dresser des embûches à sa mère, et que c'est avec l'un d'eux qu'elle s'enferma dans son palais pour y mourir (3).

Il y avait un peuple qui poussait la mollesse bien plus loin que les Mèdes et les Egyptiens. C'était le peuple de Lydie : Xanthus a écrit,

---

(1) Hérodote, liv. VI, § 32.

(2) Athénée, *Banquet des savants*, liv. XII.

(3) Pausanias, voy. dans L'attiq., ch. 19. — Dion Cassius, liv. 51, § 14.

en effet, qu'Adramyte, un des rois de ce pays, avait été le premier qui avait fait pratiquer la castration sur des *femmes*, afin de s'en servir comme des hommes de cette espèce (1).

Ce document historique est très-remarquable et mérite d'être enregistré, parce qu'il établit que, dans l'antiquité payenne, on pratiquait la castration non-seulement sur les hommes, mais même sur *les femmes,* dans un but de volupté contraire aux lois de la nature, et qu'il est aisé de deviner.

Il est à remarquer que la Lydie était une contrée de l'Asie qui bordait la mer Egée, en face d'Athènes et de Sparte, et que toute la partie qui s'étendait sur le littoral était occupée par des *villes grecques* : Elle portait même le nom d'Ionie. Nous devons en conclure que cet usage ne pouvait être inconnu parmi les peuples de l'*Archipel* et de la *Grèce*.

Hérodote nous rapporte, en effet, qu'à Chio, une des plus grandes et des puissantes îles de la mer Egée, un certain Panonius mutilait tous les enfants d'une figure agréable qui tombaient entre ses mains, et les vendait, à un très-grand prix, soit à Sardes, soit à Ephèse : Il ajoute même que Périandre, fils de Cypsèle, envoya d'un seul coup, à Alattes, qui régnait alors à

(1) Athénée, *Banq. des sav.*, liv. XII, ch. 3.

Sardes, *trois cents enfants* de Corcyre, pris dans les familles les plus distinguées, pour en faire des eunuques (1).

Périandre, fils de Cypsèle, était tyran de Corinthe, et Corcyre était une grande île de la mer Ionienne, sur la côte de l'Epire : En présence de ces faits, il faut donc reconnaître que si les eunuques n'ont pas eu dans la Grèce une influence aussi considérable que dans les autres contrées, ils n'y étaient pas cependant inconnus.

Nous retrouvons les eunuques, à Rome, sous la République, et nous voyons par les comédies de Plaute, que, plus de deux cents ans avant Jésus-Christ, on y pratiquait la castration.

L'auteur y parle, naturellement, sans mystère, d'une chose qu'on faisait, alors, sans scrupule, et prend un vif plaisir à exercer sa verve sur ce sujet ; nons regrettons que la crudité de ses expressions ne nous permette pas (même dans un *intérêt scientifique*), de traduire certaines scènes qui pourraient exciter singulièrement l'hilarité (2).

Vers la fin de la République et sous les pre-

---

(1) Hérodote, liv. 8, § 105 et liv. 2.

(2) Quin si voles, domi servi qui sunt, *castrabo*, viros. (L'asinaire, act. 1, Sc. 3.) — Impero, auctor que sum, ut te me quoivis *Castrandum* Loces. (Id., act. 2, v. 206).

miers empereurs, l'usage de la castration avait pris à Rome un développement énorme : Le commerce des eunuques y était très-lucratif, et tous les propriétaires d'hommes en général, notamment les marchands d'esclaves, se faisaient *un jeu* de mutiler les jeunes garçons, pour les vendre plus cher (1).

Si l'on voulait savoir à quel âge on les livrait ordinairement aux mains des opérateurs, comment on procédait à cette opération, et quel service les matrones romaines tiraient de ces eunuques, on pourrait consulter Juvénal, Aristote, Paul d'Egine et Ammien-Marcellin; mais ces détails seraient au moins superflus (2).

Il nous suffira de dire que, chez les Romains, on appelait du nom générique de *spadones* ceux qui avaient perdu leur virilité, et qu'on les appelait du nom particulier de *Thlibiæ* ou *Thlasiœ,* suivant qu'ils avaient été mis dans cet état par le fer ou par la trituration (3).

---

(1) Lusus et immeritos exsecuisse mares. (Martial VI. 2 ; Epigr.)

Mancipatorum negotiatores formæ puerorum, virilitate exsectâ, lenocinantur. (Quintilien, liv. 5, ch. 12, n° 17.) — Si *puerum quis* castraverit, et *pretiosorem* fecerit (digest. ad leg. Aquil., l. 28, § 28. — Paul, liv. V, sent. 23, § 7.

(2) Inguina traduntur medicis jàm pectine nigro : (Juvénal, sat. 6, § 370 et suiv.)

Aristot. 3. histor anim. — Paul d'Egine et Ammien-Marcellin, liv. 14.

(3) Thlasiis Exsecti sunt testes : Thlibiis *attriti* sunt testes.

Jamais on n'a pu, même après le christianisme, supprimer complètement les eunuques dans l'empire romain : on essaya, longtemps après le christianisme, d'interdire la castration sur tous ceux qui appartenaient à la nation romaine, soit dans les limites de son territoire, soit en dehors de ces limites, mais l'empereur Léon publiait encore, dans le Ve siècle, une loi qui était ainsi conçue :

« Nous accordons la faculté aux marchands, et même à tout le monde, d'acheter et de vendre, partout où ils voudront, ceux qui, appartenant à des nations barbares, *auront été faits eunuques hors du territoire de notre empire.* » (1).

Il suffit...

Nous avons donc surabondamment établi que les peuples payens avaient admis la mutilation des organes sexuels, chez des êtres humains, comme on admet encore aujourd'hui, la mutilation des organes sexuels chez les animaux domestiques : nous pouvons passer à la circoncision.

---

(1) Cod. liv. 4, tit. 42.

CHAPITRE IV

Du droit de circoncision.

La circoncision est, comme la castration, une chose tellement en dehors des lois, des mœurs et des idées actuelles, dans les pays chrétiens et occidentaux, qu'avant de faire connaître les peuples qui l'avaient adoptée, il est nécessaire d'en expliquer l'origine et le but.

Philon, le Phénicien, historien du temps *d'Adrien*, a écrit, en grec, une histoire de la Phénicie, qu'il prétendait avoir traduite sur des documents redigés en langue phénicienne par Sanchoniaton, et dans laquelle il a donné, sur l'origine de la circoncision, des renseignements qu'il paraît impossible d'admettre.

Après avoir dit qu'Uranus (le Ciel) ayant eu de sa sœur Ghê (la Terre) un enfant appelé

Cronus, qu'on a plus tard désigné sous le nom de Bel ou de Saturne, il s'exprime ainsi :

« Astarté la Très-Grande, Jupiter Demaroûn, et Adad, roi des Dieux, régnèrent sur la terre avec le consentement de Cronus. — Astarté ayant parcouru l'univers, trouva un astre qui fend l'air, et l'ayant ramassé, elle le consacra dans la sainte île de Tyr. Cronus, en parcourant l'univers, donna à sa fille Athènes (Minerve) le royaume de l'Attique. Une peste et une grande mortalité étant survenues, Cronus immole en holocauste à son père Uranus son fils unique; *il se circoncit, et oblige tous ses alliés à en faire autant.* » (2).

La simple lecture de ce passage suffit pour démontrer que cette explication, — à laquelle on n'a pas du reste ajouté un seul mot, — est tout-à-fait inadmissible.

D'abord, il est fort douteux, d'après l'opinion des savants, que Sanchoniatton ait composé une histoire de Phénécie, et tout porte à penser que Philon, au lieu de traduire, n'a composé le livre cité par Eusèbe, que pour prouver que la théologie des grecs avait été empruntée à la théologie des phéniciens.

Mais, sans insister sur cette conjecture, com-

---

(2) Eusèbe, prépar. Ev., liv. I, p. 40, tradit. de Seguier de Saint-Brisson.

ment est-il possible de discuter une question d'histoire avec des personnages fabuleux comme Astarté, Jupiter, Minerve et Saturne ?

Tout ce qu'on peut dire, c'est que l'assertion de ces deux écrivains phéniciens doit être reléguée dans le domaine de la mythologie, et nous ne la mentionnons que pour faire voir qu'elle n'a pas échappé à notre attention.

Hérodote et Diodore de Sicile ont donné sur ce sujet une autre explication beaucoup plus raisonnable, et qui mérite un plus sérieux examen.

Le premier a écrit que les peuples de la Colchide, de l'Egypte et de l'Ethiopie étaient les seuls, sur la terre, qui s'étaient fait circoncire *de tout temps :* Il a même déclaré que les *Phéniciens* et ceux de la *Palestine* avouaient qu'ils avaient emprunté la circoncision aux *Egyptiens*.

Le second a écrit que les Babyloniens, les Argonautes, les habitants de la Colchide, du Pont et même *de la Judée*, pratiquaient la circoncision, et que tous ces peuples avaient tiré cette coutume des *Egyptiens*.

L'idée que la circoncision avait pris naissance dans l'*Egypte* s'est trouvée ainsi répandue, et a été acceptée par beaucoup d'hommes éclairés, jusques dans ces derniers temps.

Un illustre écrivain, qui n'est pas, sans doute, exempt de fautes, mais auquel on ne saurait contester un dévouement profond pour les classes les plus nombreuses et les plus deshéritées, Voltaire, enfin, — pour l'appeler par son nom, — s'est fait l'écho de Diodore et d'Hérodote, et a puissamment contribué à faire croire que les Juifs avaient pris la circoncision aux Egyptiens.

Nous pensons, nous, que c'est une erreur qu'on peut démontrer péremptoirement.

La discussion à laquelle nous allons nous livrer ici, n'est pas une discussion vaine et puérile, car tout ce qui touche à l'exactitude du récit biblique ne saurait être de peu d'importance pour les érudits, et encore moins pour les chrétiens.

Interrogeons donc l'histoire, et jugeons avec impartialité.

D'abord, il faut reconnaître qu'il existe un historien aussi exact qu'Hérodote et Diodore, et qui a l'avantage d'avoir vécu onze siècles avant le premier, et quinze siècles, environ, avant le second : — c'est Moyse.

Il faut reconnaître encore que cette antiquité est une garantie pour que cet historien parle, avec une plus complète connaissance de cause, des événements qui se sont accomplis à cette époque.

D'après ce que Moyse atteste, il aurait entendu

de Dieu même les paroles suivantes, environ 1897 ans avant Jésus-Christ :

« Vous circoncirez votre chair, afin que cette circoncision soit la marque de l'alliance que je fais avec vous. L'enfant de *huit jours* sera circoncis parmi vous, et dans la *suite de toutes les générations,* tous les enfants *mâles,* tous les esclaves qui seront nés en votre maison, ainsi que tous ceux que vous achèterez, et *qui ne seront point de votre race,* seront circoncis : ce pacte que je fais avec vous sera marqué dans votre chair, comme le signe de l'alliance éternelle que je fais avec vous. » (1).

Moyse ajoute expressément qu'Abraham, qui avait alors 99 ans, *se circoncit lui-même,* qu'il circoncit Ismaël, son fils, alors âgé de *treize ans* accomplis, tous les esclaves, tous les *mâles* qui étaient dans sa maison, et qu'il circoncit, plus tard, le *huitième jour,* son fils *Isaac,* qui fut le seul héritier, ainsi que sa race, du pacte d'alliance (2).

Après avoir rapporté, avec précision, tous ces détails, l'auteur dit que non-seulement les descendants de Jacob, *fils d'Isaac,* sont allés plusieurs fois en Egypte pour acheter du blé, mais que l'un d'eux, appelé Joseph, devint le premier

---

(1) Génès, XVII. II et suiv.
(2) Gén., XXI. 4 et XVII. 21.

ministre d'un Pharaon. (*1728 ans* avant Jésus-Christ.)

Il affirme que Jacob lui-même se rendit (1706 ans avant l'ère chrétienne) dans cette même terre d'Egypte, avec ses enfants et petits-enfants, qui étaient au nombre de soixante et dix personnes.

Enfin, il ajoute que Pharaon leur permit de se fixer dans la terre de *Gessen*, qui était la plus fertile de l'Egypte, et recommanda que s'il y avait, parmi eux, des hommes habiles, on leur donnât l'intendance de ses troupeaux.

Il est reconnu par tout le monde que les descendants de Jacob restèrent en Egypte 205 ans, et que, durant cette période de temps, ils s'y multiplièrent d'une telle manière que lorsqu'ils quittèrent ce pays, sous la conduite de Moyse, pour s'emparer de la terre de Chanaan (1491 ans avant Jésus-Christ), ils étaient plus de six cents mille hommes, en état de porter les armes.

Il résulte donc bien clairement de ces faits que les descendants d'Abraham étaient tous circoncis, au moment où ils pénétrèrent dans l'Egypte, et que, par conséquent, ils n'ont pas pu emprunter la circoncision aux Egyptiens.

Voltaire ne pouvait nier et n'a pas nié les faits rapportés par Moyse, mais pour établir sa thèse il a prétendu que la circoncision d'Abraham n'avait pas eu de suite, parmi ses descendants, *au moins en Egypte,* et pour établir ce point, il s'est appuyé sur un passage du livre de Josué :

« Il est dit, dans le livre de Josué, — s'écrie-t-il, — que les juifs furent *circoncis dans le désert;* donc, ils ne s'étaient pas fait circoncire pendant le temps qu'ils avaient passé en Egypte. »

Cette conclusion n'a qu'un malheur, c'est qu'elle est démentie par un texte formel du livre même qu'il cite : nous allons le transcrire littéralement :

« En ce temps là, le Seigneur dit à Josué : Faites-vous des couteaux en pierre et circoncisez *une seconde fois* (secundo) les enfants d'Israël... Et voici la cause de cette seconde circoncision : *tous les mâles d'entre le peuple, qui étaient sortis d'Egypte,* et qui étaient tous hommes de guerre, moururent dans le désert, pendant ces longs circuits du chemin qu'ils y firent. *Et ils avaient tous été circoncis.* Mais le peuple *qui naquit dans le désert* pendant les quarante années de cette marche, dans cette vaste solitude, *n'avait point été circoncis.* Les enfants de ceux-ci *prirent donc la place de leurs pères,* et furent circoncis par Josué. » (1).

Il est impossible de trouver une réfutation

---

(1) Josué, ch. V, § 2 et suiv.

plus catégorique : ceux qui avaient été circoncis, *et qui prirent la place de leurs pères*, n'étaient que ceux qui étaient nés *dans le désert, après la sortie de l'Egypte : mais tous les mâles qui étaient sortis d'Egypte avaient tous été circoncis*.

Cette première assertion de Voltaire est donc erronée.

Le grand écrivain ajoute que, d'après Clément d'Alexandrie, Pythagore, voyageant chez les Egyptiens, fût obligé de se faire circoncire pour se faire admettre à leurs mystères ; il fallait donc, absolument, dit-il, être circoncis pour être au nombre des prêtres d'Egypte ; or, ces prêtres existaient, lorsque Joseph arriva dans ce pays ; le gouvernement était très-ancien, et les cérémonies antiques de l'Egypte étaient observées avec la plus rigoureuse exactitude.

Cette seconde objection croule devant le plus simple examen.

D'abord, Pythagore est né 600 ans seulement avant Jésus-Christ. — Par conséquent, il est né plus de 1200 ans après Abraham, et plus de 1000 ans après la sortie d'Egypte : La circoncision de Pythagore en Egypte, l'orsqu'il s'y rendit, ne prouve donc rien, quant à la priorité de cette institution chez les Egyptiens.

Il est possible que les prêtres égyptiens existaient déjà quand Joseph arriva en Egypte, mais la question est de savoir si, à *l'époque de Joseph,* ces prêtres se faisaient *déjà circoncire,* et, à cet égard, Voltaire ne donne et ne peut donner aucune explication.

Enfin, Voltaire finit par déclarer qu'il y *a grande apparence* que les Egyptiens qui vénéraient l'instrument de la génération, imaginèrent d'offrir à Isis et à Osiris, par qui tout s'engendrait sur la terre, une partie des organes par qui les dieux avaient voulu que le genre humain se perpetuât.

Cette *hypothèse,* — comme il le reconnaît lui-même, — est purement gratuite, et n'ajoute aucune force à sa démonstration.

Si, pendant des milliers d'années, cette idée avait pu exister chez les Egyptiens, nous en trouverions quelques indices dans les écrits des anciens, dans leurs monuments, ou dans leurs traditions, qui ont été transmises, avec cette même coutume, chez leurs descendants ou les autres peuples : et, cependant, aucune révélation de ce genre n'a jamais été produite.

Mais s'appuyer sur de pareils raisonnements pour soutenir que les juifs, qui proscrivaient sous peine de mort, le *culte des dieux étrangers,* auraient introduit, dans leur législation, cette contrefaçon du culte rendu par les Egyptiens à Isis et à Osiris, c'est vraiment substituer la fantaisie à l'histoire, et la vérité oblige à dire qu'en cela Voltaire s'est trompé.

Il résulte de ce qui précède que les juifs n'ont pas emprunté la circoncision aux Egyptiens. Nous allons maintenant plus loin, et nous prétendons que tous les autres peuples qui pratiquaient la circoncision, à l'époque de Jésus-Christ, ont dû nécessairement l'emprunter aux Hébreux.

En effet, chez les Hébreux, depuis Abraham, c'est-à-dire depuis 3700 ans, environ, on n'a jamais cessé de pratiquer la circoncision le *huitième jour*, et sur les *mâles* seulement, en sorte que cet usage s'est perpétué, sans interruption, dans toute sa pureté primitive, non-seulement pendant l'existence de la nationalité juive, mais depuis sa dispersion, jusqu'à nos jours.

Au contraire, parmi tous les peuples, autres que les Hébreux, qui pratiquaient la circoncision, on remarque une diversité complète d'usages quant au mode de l'opération, au sexe qui devait la subir, et à l'âge où elle devait être faite.

Constatons, d'abord, cette diversité.

Parmi les peuples qui pratiquaient la circoncision, — outre les Hébreux, — on cite, notamment, les Ethiopiens, les Syriens, les Cophtes, les Troglodytes, les Créophages, les Iduméens, les Ammonites, les Moabites, les Arabes, et *tous ceux* qui habitent dans le désert (1).

S'il faut en croire Strabon, chez les Ethiopiens, les uns se bornaient à retrancher *une partie seulement* de l'objet que les autres enlevaient tout entier : Chez les Troglodytes, les hommes se faisaient circoncire comme les Egyptiens, mais ceux qui se trouvaient estropiés de naissance ou par quelque accident, étaient dépouillés *entièrement*, dès leur bas âge, du membre qu'on ne faisait que circoncire aux autres (2).

Chez les Syriens, chez les Cophtes, chez les Egyptiens, on ne se contentait pas de circoncire *les mâles* ; on pratiquait encore sur les femmes une opération correspondante à la circoncision, et qu'on appelait l'*excision*.

Les Créophages qui habitaient près du port d'Antiphile, sur la côte occidentale du golfe arabique, pratiquaient aussi non-seulement la

---

(1) Multarum ex quadam parte gentium, et maximè quæ judeæ palestinæ que confines sunt, usque hodiè, populi circumciduntur, et præcepuè Egyptii, et Idumæi, et Ammonitæ, et Moabitæ, et ommis regio Sarracenorum, quæ habitat in solitudine. (St. Jérome, comm. in Jerremiam, liv. 2, ch. X.)

(2) Diodore de Sicile, liv. 3, § 31. Strabon, liv. 16, § 3.

circoncision chez les hommes, mais encore l'*excision* chez les femmes (1).

Chez les Egyptiens, dont nous venons de parler, on pratique la circoncision vers la *quatorzième année :* Chez les Arabes, et les autres peuples qui les avoisinent, on la pratique aussi vers la treizième ou quatorzième année (2).

Comment expliquer cette diversité de coutumes? — d'une manière très-exacte, si l'on se reporte au récit de Moyse.

Abraham avait eu plusieurs enfants de Sara, d'Agar et de Céthura.

Il avait eu *Isaac* de sa femme légitime Sara, et nous avons vu qu'il l'avait circoncis le huitième jour. Isaac avait épousé Rébecca, fille d'un *syrien* de Mésopotamie, et avait eu lui-même deux enfants : Esaü et Jacob. Le premier, appelé aussi Edom, était devenu le père des *Iduméens ;* le second, appelé aussi Israël, cessionnaire du droit d'aînesse de son frère, et seul héritier du pacte d'alliance, était devenu le père des *Israélites*.

---

(1) Feminas vero excidant, ea fit resectione τῆς νύμφῆς. Quæ pars in australium regionum mulieribus ita excressit ut ferro sit coercenda. (Paul Egin., liv. 6, ch. 10. — Bellonius, liv. 3, obs. cap. 28. — Léon Africain, liv. 8. — Strabon, liv. 17.)

(2) Ægyptii quartodecimo anno circumcidunt mares et feminæ apud eos eodem anno circumcidi feruntur. (St. Ambroise, de Abrah., liv. 2, ch. XI.) — Dictionn. de Moreri, v° circoncision.

On explique donc ainsi, historiquement, pourquoi les *Iduméens* se faisaient circoncire, et pourquoi les *Israélites* ont toujours pratiqué la circoncision le *huitième jour* sur les *mâles* seulement, suivant la loi imposée à leur fondateur.

Abraham avait encore eu *Ismaël* de sa servante *égyptienne* Agar, et nous avons vu qu'il l'avait circoncis à l'âge de *treize ans* accomplis. Ismaël avait épousé une femme *égyptienne :* douze princes étaient sortis de lui. Il était devenu le chef d'un grand peuple qu'on appelait les Ismaëlites. Les Ismaëlites se répandirent dans le pays situé entre Hévila et Sûr, c'est-à-dire entre l'Egypte et l'Assyrie, ou les trois Arabies.

On explique donc ainsi, — historiquement, — pourquoi tous les descendants d'*Ismaël,* marié à une femme *égyptienne*, ont pratiqué la circoncision, comme leur fondateur, c'est-à-dire vers la *treizième* ou *quatorzième année.*

Cet usage s'est ensuite répandu, par les alliances, chez les autres peuples qui entourent le bassin de la Méditerranée, et le sens originel de la circoncision abrahamique s'étant perdu, chacun d'eux a suivi cette tradition, en la modifiant suivant ses instincts particuliers.

Cet usage s'est répandu, notamment, dans l'Egypte, après la sortie des Hébreux, car, après la seconde circoncision, dans le désert, on voit ces mots dans le livre de Josué : « J'ai ôté aujourd'hui, de dessus tous, *l'opprobre de l'Egypte* (1).

Donc, peut-on dire, avant la sortie des Hébreux, les Egyptiens ne se faisaient pas encore circoncire : mais quelle que soit l'époque où ils ont adopté la circoncision, il reste démontré qu'ils ne l'ont reçue qu'après *Abraham,* et sans doute, par les descendants d'Ismaël.

On a cherché à expliquer l'usage de la circonsion, chez les différents peuples méridionaux, par la nécessité de prévenir certaines maladies et de faciliter certains actes, ou, pour nous expliquer encore plus clairement, par des motifs d'*hygiène ou de fécondation.*

Mais pour justifier cette explication, il faudrait prouver, d'abord, que l'influence du climat a modifié, sous certains rapports, l'organisation physique des méridionaux, — ce qui n'est nullement démontré; — et, cette hypothèse fût-elle admise, il resterait toujours une objection capitale :

C'est qu'un grand nombre de peuples qui se trouvaient dans les mêmes conditions climatériques, et soumis, par conséquent, aux mêmes nécessités hygiéniques, tels que les Carthaginois, les Numides, les Bactriens, les Indiens, et tant d'autres qui se trouvent sur les mêmes

---

(1) Josué, V. 9.

degrés de latitude, ne se sont jamais soumis à cette opération, tandis que d'autres, tels que les Phéniciens, avaient aboli cet usage, *depuis qu'ils avaient eu plus de commerce avec les Grecs* (1).

Il paraît donc vrai de dire que l'idée de la circoncision n'a pu venir des différences de climat, et qu'elle a été empruntée aux Hébreux, chez lesquels elle avait originairement un caractère religieux, et devait être un signe d'identité et de prédestination, en vue des événements providentiels qui devaient s'accomplir.

Quoi qu'il en soit, nous avons établi qu'à l'époque de Jésus-Christ, un certain nombre de peuples pratiquaient la circoncision : notre but est donc atteint, et nous pouvons arriver à un autre sujet.

---

(1) Hérod., loc. cit.

CHAPITRE V

Du droit de la marque ou des stigmates.

Nous ne surprendrons assurément personne, en affirmant qu'à côté de la peine de mort, de la peine de la mutilation des membres, et même, — dans certains pays, — de la peine de la castration, les nations payennes, avant Jésus-Christ, avaient admis, dans leurs codes, la peine de la marque, non-seulement contre les esclaves, mais encore contre les hommes libres.

Nous ne nous arrêterons pas longtemps sur ce premier point, parce qu'il n'est pas contestable : mais nous devons faire connaître, quelques documents qui établissent l'ancienneté et la généralité de cet usage.

Nous citerons, d'abord, un texte des lois indiennes :

« Pour avoir souillé le lit de son maître spirituel, — disait ce texte, — qu'on *imprime sur le front* du coupable *une marque* représentant les parties naturelles de la femme ; pour avoir bu des liqueurs spiritueuses, une marque représentant le drapeau d'un distillateur ; pour avoir volé l'or d'un prêtre, le pied d'un chien ; pour le meurtre d'un brahmane, la figure d'un homme sans tête. »

On voit encore, d'après un autre texte, que si un homme « *de la basse classe* » s'avisait seulement de prendre place à côté d'un homme appartenant à la classe la plus élevée, il devait être *marqué* au-dessous de la hanche, et banni ; le code permettait, toutefois, de lui faire, au lieu d'une marque, une balafre distinctive sur un endroit de son corps que nous devons nous abstenir de désigner.

Non-seulement ces hommes, marqués de signes flétrissants, devaient être exclus de toutes les relations sociales, et abandonnés par leurs parents paternels et maternels, mais il était défendu de manger avec eux, de sacrifier avec eux, et d'étudier avec eux : ils étaient condamnés à errer sur la terre dans l'état le plus misérable :

Telle était l'injonction de Manou (1).

---

(1) Lois de Manou, liv. 8. St. 281, et liv. 9. St. 237.

Les autres lois de l'antiquité payenne n'étaient pas aussi sévères que celles de l'Inde : mais, en principe, elles avaient admis la même peine pour la repression de certains crimes ou de certains délits (1).

Sans revenir sur la Chine, dont nous venons de parler, et sans nous occuper de la Grèce, dont nous parlerons plus loin, — nous pouvons citer un fait qui nous dispensera d'entrer dans d'autres détails : c'est que l'an 613 de Rome, sous le consulat de Lælius Sapiens et de Servilius Cæpio, le peuple romain décidait encore, par une loi, que tous les calomniateurs seraient marqués, *au front*, de la lettre K.

On appelait cette loi, la loi *Remmia :* — Elle était encore en vigueur du temps de Cicéron, et longtemps après Jésus-Christ (2).

Mais le point sur lequel nous devons insister, parce qu'il rentre plus directement dans l'objet de notre travail, c'est que, *dans l'intérieur de la famille*, les maîtres avaient le droit de flétrir ou de marquer arbitrairement leurs esclaves, comme ils avaient le droit de les tuer ou de les mutiler.

Chez les Grecs et chez les Romains on appe-

---

(1) Plerique *reorum* in cruribus suis et frontibus notabantur. (Notes de Godefroid sur le liv. XI, tit., 4 du Dig.)

(2) Cicéron, Pro Roscio amerino, Seneca 3, de ira. — Cujas 7, observ. 13.

lait ces flétrissures ou marques des *stigmates*, et c'est de là que nous vient le mot français : *stigmatiser* (1).

Xénophon, dans son histoire grecque, Ulpien, dans ses fragments, Gaïus, dans ses institutions, Dion-Cassius, dans son histoire romaine, et plusieurs autres auteurs grecs et romains, nous parlent souvent d'esclaves stigmatisés par leurs maîtres, *à titre de peine* (2).

Dans ce cas, on les stigmatisait *au front*, c'est-à-dire qu'on les marquait, à l'aide d'un fer chaud, de lettres ou de certains signes conventionnels indiquant la nature de la faute qu'on avait voulu réprimer.

On les appelait à Rome, *stigmaticæ* ou *subverbustæ*, et quand ils étaient affranchis, ils étaient mis au rang des Pérégrins deditices, et ne pouvaient jamais devenir citoyens romains, ou même latins (3).

Les stigmates *au front* étaient une peine cruelle qu'on réservait de préférence aux esclaves les plus dangereux et les plus indisci-

---

(1) στιγμα, stigmata.

(2) *Pœnæ nomine*. (Gaius, instit., c. 1, § 13.)

(3) Xenophon, liv. 5, ch. 3. — Dion-Cassius, liv. 47, § 10. — Deditiorum numero sunt quibus *vestigia* scripta fuerunt. (Ulp. fragm. I, § XI.) — Aut in quorum facie aut corpore, quæcumque indicia, igne aut ferro, impressa sunt. (Gaius, 1, 4.) Théophil. de Liberi, tit. 1, § 5.

plinés : on l'appliquait, presque toujours, aux esclaves *fugitifs*, quand on ne jugeait pas à propos, — comme nous l'avons vu, — de leur couper les pieds (1).

Le poëte Martial raille amèrement les anciens esclaves stigmatisés de cette manière, qui, après avoir été affranchis, cherchaient à dissimuler les brûlures de leur front en faisant retomber leurs cheveux sur les tempes, en se couvrant la tête de bandeaux, ou en mettant sur leurs cicatrices, du fard ou des mouches (2).

Il y avait des maîtres cruels qui prenaient plaisir à rendre ces inscriptions plus ineffacables et plus apparentes, en gravant de grandes lettres non pas seulement *sur le front*, mais sur tout *le visage :* ils arrivaient, ainsi, à rendre la situation de leurs esclaves, aussi pénible que celle des infortunés qui étaient flétris dans l'Inde (3).

Il arrivait quelquefois qu'on stigmatisait les

---

(1) Solebant fugitivi notis vel litteris compungi : tales stigmatiæ aut subverbustæ dicebantur. (Dig., liv. XI, tit. 4, de fugitivis, et notes de Godefroid.)

Si quis fugitivo stigmata scripserit. (Quintil., 7, 4, nº 14.)

Facies quamvis inscripta repugnet. (Claudien, in eutrop., liv. 2.)

(2) Et numerosa linent stellantem splenia frontem. Ignoras, quis sis, splenia tolle... Martial. Epigr., liv. 2. Ep. 29.

(3) Implevit eumolchus frontes utrinsque *ingentibus* litteris, et notum fugitivorum Eprigramma *per totam faciem liberali manu* duxit. (Petrone, Satyricon.)

Inexpiabili que litterarum notâ, per summam oris contumeliam, inustus (Valère-Maxime, VI, 9, 7.)

prisonniers de guerre, comme les esclaves fugitifs :

Ainsi, après la bataille des Thermopyles, Hérodote nous montre des soldats thébains stigmatisés par les Perses, et Plutarque nous montre les Athéniens et les Samiens stigmatisant aussi, réciproquement, leurs prisonniers *au front :* Les Athéniens imprimaient des chouettes *sur le front* des Samiens, et les Samiens imprimaient des samines (espèces de navires) sur le front des Athéniens.

C'est pour le flétrir, à la manière des prisonniers de guerre ou des esclaves fugitifs, que l'insensé Xercès avait fait jeter des fers à stigmates dans l'Hellespont, parce qu'une tempête avait détruit le pont de bateaux qui devait le conduire d'Asie en Europe (1).

Mais ce qui doit augmenter encore le sentiment de réprobation qu'inspirent de pareils outrages envers la nature humaine, c'est qu'ils étaient commis, non pas seulement dans un intérêt supérieur d'ordre public, — pour punir des coupables, par exemple, — mais même dans un but secondaire d'intérêt privé, pour distinguer les esclaves les uns des autres.

Si l'on se reporte à l'état de la civilisation

---

(1) Plurimis Vero Xercis jussu regia inusserunt stigmata. Hérodote, liv. 7, § 223. — Plutarque, vie de Périclès ; et Hérod., 7, 33.

antérieure à Jésus-Christ, on voit qu'à cette époque le nombre des esclaves dépassait, dans une énorme proportion, le nombre des hommes libres : Il y avait beaucoup de propriétaires qui avaient des centaines et même des milliers d'esclaves.

Pour établir plus aisément leurs titres de propriété et exercer leurs actions en revendication contre les tiers, quand ils venaient à échapper, les maîtres faisaient imprimer sur les bras, sur les mains ou sur les jambes de leurs esclaves, les initiales de leurs noms, ou d'autres signes particuliers de reconnaissance.

Ces signes de reconnaissance, écrits sur le corps humain, avaient paru si commodes, qu'on avait même eu la pensée de les appliquer à quelques catégories d'hommes libres : ainsi, par exemple, les empereurs, les princes, les généraux, faisaient graver leurs propres noms sur les mains de leurs soldats (1).

On faisait de même, au moins dans l'empire romain, à l'égard de ceux qui étaient employés à la fabrication des armes de guerre dans les manufactures de l'Etat : — on imprimait sur

---

(1) Tyronibus stigmata inurebantur. (Veget. I. c. 9 et 2. c. 5. — Et Godefroid sur le liv. XI, tit. 9 du Code). — Latinè stigma vocant quæ in facie aut aliâ parte corporis inscribantur, *qualia sunt militum in manibus*. (Grævius, t. 9, p. 310.) — Sicut militibus signaculum, ita fidelibus spiritus imponitur, ut notus omnibus fiat. (St. Chrys. nom. 3 in II a Corinth.)

leurs *bras* des signes particuliers, à l'imitation de ce qui se pratiquait sur les soldats.

Les hommes préposés à l'entretien des aqueducs et à la garde des eaux publiques, dans la capitale du Bas-Empire, et qu'on appelait *Aquarii*, ou, comme on disait en grec, *Hydrophylaques*, portaient aussi le nom du prince imprimé *sur les deux mains* (1).

Pourquoi ne pas le dire?

Il y avait même des maris qui stigmatisaient leurs femmes, soit pour établir sur elles leur droit de propriété, soit pour les punir de quelques méfaits publics ou domestiques.

Ainsi, l'auteur grec Lucien nous a fait connaître comment l'usage des stigmates à titre de *peine*, avait été introduit dans la Thrace, par les maris sur leurs femmes.

Après avoir raconté la mort tragique d'Orphée, décapité par des femmes de ce pays, et dont la tête, — attachée sur sa lyre, — surnageait sur les flots de l'Hébre, il explique que les Thraces furent saisis d'une profonde douleur.

Pour éterniser le souvenir de ce meurtre et

---

(1) Stigmata (hoc est nota publica) fabricensium brachiis, ad *imitationem tyronum*, infligantur, ut hoc saltem possint latitantes agnosci. (Code, liv. 9 de fabricensibus.)

Eadem ratione, aquarii in singulis manibus signabantur, nomine principis eis impresso. (L. 10 in fin. de aquæductu, tit. 42, liv. XI. Cod.)

de l'expiation qu'il méritait, ils résolurent de couvrir de signes le corps de leurs femmes, et de déposer dans ces blessures des substances bleuâtres qui ne pouvaient plus s'effacer : C'est pour cela, disait Lucien, qu'encore aujourd'hui, les Thraces font des stigmates à toutes les femmes (1).

Ces femmes se vengèrent, du reste, comme des femmes d'esprit : elles mirent les stigmates à la mode, et, depuis cette époque, dans ce pays, il n'y eut plus que les gens grossiers qui ne se firent pas stigmatiser (2).

Nous devons, dès à présent, appeler l'attention sur l'usage de faire des stigmates à l'aide de piqûres d'aiguille et de poudres de diverses couleurs, qui s'incorporaient dans les tissus, et laissaient, aussi, — comme le fer chaud, — des traces indélébiles : cet usage existait, particulièrement, dans l'Orient, et nous aurons l'occasion d'en parler plus loin.

Quoi qu'il en soit, l'usage des stigmates était général dans toute l'antiquité payenne, *soit à titre de peine*, soit pour tout autre cause, et les lois, loin de l'interdire, ne faisaient que l'encourager.

---

(1) Lucien, contre un ignorant qui achetait beaucoup de livres.

(2) Punctam notis habere cutem nobile judicatur : impressa non habere stigmata, ignobile. (Hérod., V. 6).

CHAPITRE VI.

Du droit de bastonnade, de fustigation, de flagellation, et de coups.

Si nous disions que, durant tout le cours des siècles jusqu'à l'époque où le christianisme interdit, pour la première fois, ces abus, on frappait les hommes, pour se faire obéir, comme on frappe encore aujourd'hui les chevaux, les bœufs et les ânes, nous resterions encore au-dessous de la vérité de l'histoire.

Nous pourrions montrer des souverains faisant fouetter les grands seigneurs de leur cour ; des généraux faisant avancer leurs armées à coups de fouet, ou passer leurs soldats par les verges ; des juges faisant appliquer la bastonnade aux condamnés et même aux accusés ; enfin, des officiers publics, armés de lanières de cuir, et frappant autour d'eux, pour contenir la foule, dans les places publiques, dans les marchés, et jusques dans les théâtres (1).

Mais il faut savoir se restreindre dans de justes bornes, et ne pas oublier que nous ne nous occupons que du droit de coups *dans la famille!*

A ce point de vue même, il serait trop long de passer en revue les législations de tous les anciens peuples, et nous ne nous attacherons qu'à ceux qui, par leur ancienneté et leur illustration, peuvent représenter, sous ce rapport, les idées de la civilisation payenne tout entière : nous voulons parler des Indiens, des Chinois, des Grecs et des Romains.

Nous ne recherchons pas une vaine gloire, nous ne cédons pas à des préoccupations d'intérêt, et nous n'avons d'autre désir que de faire une œuvre scrupuleusement exacte au point de vue du droit et de l'histoire : mais pour porter la conviction dans les esprits, il ne suffit pas de prononcer notre jugement personnel, — qui ne prouverait rien, — il faut citer des textes, qui permettront aux lecteurs de juger eux-mêmes.

(1) Hérodote, liv. 2, § 130 et liv. 7, § 56. — Athénée, liv. 4, § 13. — Xénophon, retraite des Grecs, liv. 2, ch. 3. — Polybe. liv. 6, § 38. — Cicéron, Philipp. 3, 86. — Plutarque, vie d'Antoine. — Suetone, vie de Caligula, § 26. — Thucydide, liv. 5, §§ 50 et 76. — Aristhophanes, les acharn. act. 3, Sc. 1. — Lucien, de L'ambre, ou des cygnes.

Nous citerons donc des textes.

Après avoir dit que l'esclave doit être étranglé s'il tuait son maître, même *par accident*, et décapité, s'il le frappait volontairement, le code chinois portait ceci :

« Quand un maître, ou quelqu'un de ses parents, frappera un serviteur à gages, *soit qu'il l'ait mérité ou non*, il ne sera point puni, à moins qu'il ne l'ait blessé, avec un instrument tranchant ; — néanmoins, si un maître ou ses parents déjà cités châtiaient d'une manière légale *son esclave* ou son serviteur gagé, pour le corriger d'une désobéissance, en le *battant* sur les cuisses ou sur le derrière, et que cet esclave, *par suite de ces coups,* vint à mourir, *ni son maître, ni même les parents de son maître, n'en subiront aucune peine.* »

Ainsi, dans la Chine, même dans ces derniers temps, le droit de frapper les esclaves était accordé d'une manière à peu près illimitée, non-seulement aux maîtres, mais même *aux parents des maîtres,* et nous allons voir, par les textes suivants, que ce droit s'étendait jusqu'aux cousins germains.

« Battre *l'esclave* d'un de ses parents au troisième ou au quatrième degré, *est une action que la loi ne punit point !* »

« Le fait de frapper *un serviteur à gages* d'un de ses parents au troisième ou au quatrième degré, sans lui avoir fait de blessures avec un instrument tranchant, *ne se punit point.* » (1).

Nous avons déjà cité, dans notre seconde Etude, un autre texte qui portait que les pères et mères, et même les grands-pères et les grand'mères, ne subiraient aucune peine pour avoir frappé leurs enfants ou petits enfants, *lors même que les coups et blessures entraîneraient la mort :* nous allons, maintenant, citer un autre texte duquel il résulte que les maris avaient le droit de frapper leurs femmes :

« Un mari ne sera point puni pour avoir battu sa femme principale, à moins qu'il ne l'ait blessée en la frappant avec un instrument tranchant. »

Nous nous bornons à faire remarquer, ici, que si un mari n'était pas puni pour avoir battu *sa femme principale*, il était encore bien moins puni pour avoir battu ses femmes du second rang, ou ses concubines.

Dans le code de l'Inde, on trouve des textes qui permettent au roi de faire frapper, avec un fouet et une tige de bambou, *les femmes, les enfants, les pauvres, les infirmes, les gens âgés et les fous;* aux dwidjas de frapper, *avec le bâton*, leurs fils et leurs élèves, et de les châ-

(1) Ta-tsing-leu-lée. — Sect. 813 et 314. — Art. 6, 7 et 8.

tier pour leur instruction; aux créanciers même le droit de frapper leurs débiteurs pour les forcer à payer!

En ce qui concerne spécialement les esclaves, les femmes mariées et les enfants, on trouve un texte ainsi conçu :

« Une femme, un fils, un domestique, un élève, un frère du même lit, mais plus jeune, peuvent être châtiés, lorsqu'ils commettent quelque faute, *avec une corde ou une tige de bambou,* mais toujours sur la partie postérieure du corps, et jamais sur les parties nobles; celui qui frappe d'une autre manière est passible de la même peine qu'un voleur. » (1)

Il n'est personne qui n'aperçoive que si le code de l'Inde paraît moins féroce, dans l'expression, que le code de la Chine, et contient même des restrictions, il n'en laisse pas moins toute latitude à l'assouvissement de la brutalité : Les formules diffèrent, mais, au fond, le droit de frapper est aussi énergiquement consacré par la loi.

On sait avec quelle cruauté les Lacédemoniens frappaient leurs esclaves, c'est-à-dire les *ilotes*, qu'on appelait aussi les Eléates.

Non-seulement ils les coiffaient de bonnets de peaux de chien, et les habillaient avec des peaux

(1) L. de Manou, liv. 9. St. 230. Liv. 4. St. 164; liv. 8, 47, 48, 49, 50, 229 et 300.

de brebis, afin qu'ils ressemblassent le plus possible à des bêtes, mais, — disait Myron de Priène, — ils leur appliquaient chaque année un certain nombre de coups, — *sans qu'ils eussent commis aucune faute*, — afin de ne pas leur laisser oublier qu'ils étaient esclaves (1).

Il y avait une loi, à Sparte, qui permettait de frapper les enfants avec autant de barbarie que dans l'Inde ou dans la Chine, et l'on peut juger de ce qui se passait dans la vie privée de ce peuple, par ce qui se pratiquait dans les cérémonies publiques.

A une certaine époque de l'année, dans le temple de Diane, on réunissait successivement tous les enfants du pays. La prêtresse arrivait : Elle prenait entre ses mains la statue de la déesse, qui était fort petite et fort légère, et s'asseyait pour présider.

Alors, on flagellait les enfants, non-seulement de manière à meurtrir leurs membres délicats, mais à faire jaillir le sang, et quelquefois même *jusqu'à les faire mourir* : Lorsque les exécuteurs, prenant en considération la beauté, la douleur ou la faiblesse de certains

(1) *Contumeliosos* erga suos Eliotas, *acerbos* que fuisse Lacedæmonios. — circa noxam maleficium ve præfinitum, plagarum numerum *quotannis* pati ne se unquam servos esse obliviscerent. — (Athénée, les deipn., liv. 6, ch. 20 et liv. 14, ch. 21.)

d'entr'eux, ralentissaient les coups, la prêtresse s'agitait, criait à l'impiété, et par ses menaces ou par ses exhortations, elle raminait le zèle des bourreaux.

L'usage de flageller les enfants dans le temple de Diane, à Sparte, institué par Lycurgue, environ huit cents ans avant Jésus-Christ, existait encore du temps de Cicéron, de Plutarque, de Pausanias et de Tertullien, c'est-à-dire à l'époque de la prédication des apôtres, et longtemps après la promulgation de l'évangile (1).

Quinte-Curce raconte qu'un jour Alexandre-le-Grand, suivant un usage immémorial des rois de Macédoine, *fit fouetter* son jeune page Hermolaüs, parce qu'il avait tué, sans le prévenir, un sanglier qui se dirigeait vers eux : « Il faut que les choses se fassent ainsi, dit Alexandre, et comme les tuteurs le font pour leurs pupilles, *les maris pour leurs femmes*, nous laissons aux esclaves le soin de *frapper* les enfants de cet âge. » (2).

---

(1) Ut cum ibi essem, *audiebam ad necem.* (Cic., tusc., liv. 2, ch. 13 et 14.) — On célèbre encore aujourd'hui cette fête à Sparte. (Plutarque, vie d'Aristide.) — Pansanias, voyage en Laconie, ch. 16. — *Hodie*, apud Lacedæmonios maxima solemnitas est flagellatio. (Tertull., exhort. aux martyrs, ch. 4.)

(2) Hoc et oportet fieri : Et, ut à tutoribus pupilli, à maritis uxores, servis quoque pueros hujus ætatis verberare concedimus. (Quint.-Curc., liv. 8, § 8.)

Ce récit de Quinte-Curce n'est-il pas un trait de lumière pour montrer que, dans la Grèce, les maris étaient légalement autorisés à battre leurs femmes, comme les tuteurs à battre leurs pupilles, et les esclaves à battre les enfants, par l'ordre de leurs pères et mères? (1).

Mais il nous reste à parler d'Athènes.

Nous n'ignorons pas que Xénophon a dit, dans son traité sur le gouvernement des Athéniens, qu'on accordait, à Athènes, une licence incroyable aux *esclaves* et aux météques, et qu'il n'était pas permis de les battre : Nous connaissons, même, le texte de la loi rapportée par Desmothènes, dans son plaidoyer contre Midias, et de laquelle il résulte que si quelqu'un insultait un enfant, une femme, un homme libre ou même *un esclave,* ou se permettait, à leur égard, des actes interdits par les lois, tout Athénien pouvait le citer devant le tribunal des Thesmothètes.

Nous déclarons qu'on ne saurait trop admirer cette loi d'Athènes, parce qu'elle atteste la générosité et l'humanité d'un peuple qui a été la gloire et le flambeau de l'ancien monde : mais si l'on voulait s'emparer de ces textes pour soutenir que, chez les Athéniens, les maîtres

(1) Si puer improbus est, atque officium negligit suum, adest scutica. Impenge tergo crebra vulnera : extimescat ille ferulam et virgas tuas. (Libanius, chr. 11. — Thes. antiq. Græc., t. X, p. 223 et 226.)

n'avaient pas le droit de battre *leurs propres esclaves*, nous ne craindrions pas d'affirmer qu'on tomberait dans une grossière erreur.

Ces textes, sainement interprétés par les jurisconsultes et par les historiens, n'ont jamais voulu dire qu'une chose, c'est que, dans l'Attique, contrairement aux usages admis chez les autres peuples, les hommes libres n'avaient pas le droit d'insulter ou de frapper impunément les esclaves appartenant *à autrui*.

C'est ainsi que, dans son recueil des lois attiques, Samuel Petit a expliqué très-judicieusement le sens de cette loi, en la résumant de la manière suivante : « Si quelqu'un frappe l'esclave *d'autrui*, agissez contre lui en vertu de la loi sur les injures (1).

En effet, les auteurs grecs les plus compétents contiennent des détails qui justifient cette interprétation.

Dans son plaidoyer contre la loi de Leptine, Demosthènes parle d'*eslaves* qui ont fatigué le *fouet;* dans son plaidoyer contre Androtion, il demande à son adversaire pourquoi il traite les métèques (étrangers domiciles), plus cruellement que ses propres esclaves, et il ajoute qu'il existe entre l'homme libre et l'esclave cette distance énorme que, chez l'esclave, le

(1) Si quis *alienum* servum pulsarit, adversus eum lege injuriarum agito. (Sam. Petit.)

corps répond pour toutes les fautes, tandis que la personne de l'homme libre est inviolable, et que, le plus souvent, c'est sur ses biens qu'on doit le punir (1).

Mais c'est surtout Xénophon qui s'est expliqué, sur ce point, avec une précision propre à dissiper tous les doutes.

Dans ses mémoires sur Socrate, on trouve un curieux dialogue entre Socrate et Aristippe de Cyrène, dans lequel ces deux interlocuteurs expliquent comment les maîtres en usaient avec leurs serviteurs qui ne voulaient rien faire, et se plaisaient à mener une vie somptueuse :

« Ne les empêchent-ils pas de fuir, demandait Socrate, en les mettant *dans les fers?* Ne combattent-ils pas leur paresse *par des coups ?* — Sans doute, répondait Aristippe, *je les afflige par tous les supplices* jusqu'à ce que je les aie contraints à *servir.* » (2.)

Il n'y a que des personnes étrangères à la science du droit, et ignorantes de l'étendue des pouvoirs conférés par toutes les lois aux maîtres sur leurs propres esclaves, qui puissent soutenir que la législation d'Athènes différait,

---

(1) Servis omnia scelera *corpore* sunt luenda; ingenius autem corpus tueri licet. Edit. Didot.

(2) Nonne *vinculis* coercent, ne aufugiant? Nonne desidiam *verberibus* expellunt? — *Suppliciis omnibus* afficio donec eos servire cogam? — (Xénoph., liv. 1, ch. 1.)

sous ce rapport, de toutes les autres législations anciennes.

Il existait même, chez les Athéniens, un texte de loi formel qui permettait non-seulement aux maris, mais même *aux tiers* de frapper les femmes adultères, si elles entraient dans les temples : la seule différence qui existait, à cet égard, entre les maris et les tiers, c'est que les maris pouvaient tuer leurs femmes impunément, quand ils les surprenaient en flagrant délit, tandis que les tiers, qui les trouvaient dans les temples, ne pouvaient les frapper qu'à la condition de *ne pas les tuer* (1).

Quant aux Romains, nous savons par Plaute, Horace, Columelle, Sénèque, Pétrone et Juvenal, comment ils procédaient à l'égard de leurs esclaves..

Prenons un instant ces écrivains pour guides, et pénétrons avec eux dans quelques-unes des habitations de ces farouches vainqueurs du monde : nous assisterons à quelques scènes qui méritent d'être étudiées.

Qu'est-ce que ces sombres murailles aux voûtes surbaissées, à travers lesquelles filtre, par une étroite ouverture, un avare rayon de lumière ?

Ce sont les logements ou plutôt les prisons

---

(1) Demoth. contre Néœra.

des esclaves : — c'est là qu'ils sont enchaînés, comme des bêtes fauves, les uns gisant sur le sol, presque nus, les autres dévorant, d'une bouche avide, la maigre ration de farine de lupin ou de blé gâté qui sert à faire leur *polente* : — une sorte de fourrage qu'on distribuait à ces animaux de service ! (1).

Quelle est cette espèce de musée patibulaire où l'on voit des chaînes, des fouets, des colliers de fer, des carcans en cuir, des entraves, des aiguillons, des croix, des nerfs d'animaux terminés par des boules de plomb, des lames de métal, et toutes sortes d'instruments de torture? — C'est l'atelier du *Lorarius*, c'est-à-dire de l'exécuteur des hautes œuvres, qui, dans toutes les bonnes maisons, est chargé d'appliquer les corrections infligées par le maître aux gens qu'il gouverne (2).

Voici, justement, qu'il va remplir son office : — Cet homme qu'on lui amène, c'est un *esclave*, regardons.

Il le déshabille ; il lui lie les mains derrière le dos ; une corde est passée sous ses aisselles; et, — à l'aide d'une poulie attachée à une pou-

---

(1) Columelle, de re Rusticâ, §§ 1, 8 et 9. — Pline, hist. nat., liv. 18, ch. 18 et 36. — *Scabiosum far*. — Horace, liv. 2, 3. V. 182.

(2) Adversum stimulos, laminas, cruces, compedes, nervos, carceres, numellas, podicas, boïas. (Plaute, asinaire, act. 3. Sc. 2.)

tre, — il le suspend au-dessus du sol ; à chacun des pieds, il fixe un poids de cent livres : — et le supplice commence (1).

Détournons les yeux !

Entrons dans ce palais, sur le fronton duquel on lit ces mots : « Tout esclave qui, sans ordre du maître, franchira cette porte, recevra *cent coups de fouet* » (2).

Les maîtres sont couchés sur des lits de cèdre inscrustés de lames d'argent, d'ornements d'ivoire, et d'écailles de tortue. Autour d'une table, splendidement garnie, circulent les esclaves qui les servent : Pourquoi ces coups d'étrivières sur ce vieillard qui porte une aiguière d'eau chaude ? — Parce qu'il est trop lent... — Et sur cet enfant qui se précipite ? — Parce qu'il a parlé. — Et sur cette jeune fille qui rougit ? — Parce qu'en agitant le chasse-mouche, aux plumes de paon, elle a fait tomber du front d'un convive, sa couronne de violettes (3).

---

(1) At pedes, quando alligatus es, æquum centupondium, ubi manus manicæ complexæ sunt, atque adductæ ad trabem. (Plaute, asinaire, act. 2. Sc. 2.)

(2) Quisquis. servus. sine. domini. jussu. foras. Exierit. accipiet. plagas. centum. (Petrone, satyr., § 28.)

(3) Age, age, specta, vide vibices, quantas. — Corpus tuum virgis ulmeis inscribam. — At Ego, certe, cruce et cruciatu, mactabo. — (Plaute, frag.) — Horace, epod., 4. — Plutarque, vie de Marcus Caton et de Caton-le-Jeune. — Tacite, annales 16-19.

Entr'ouvrons la porte de ce boudoir.

Une jeune femme est assise sur un siége d'argent massif, au milieu des tapis de Babylone et des tentures d'Alexandrie. Dans sa main gauche, elle tient une grosse boule de cristal pour trouver quelque fraîcheur. Sa main droite est étendue, nonchalamment, sur une table de citronnier de Mauritanie, couverte de colliers, de bagues et de bracelets. Un éthiopien lui présente un miroir de métal poli, enrichi de pierreries. Des jeunes filles humectent ses épaules avec du lait d'ânesse. D'autres la fardent, ou la coiffent : — Pscécas, pourquoi cette boucle inégale? — Vite, *le nerf de bœuf,* — et les coups volent (1).

Mais laissons parler Juvénal :

« Malheur à l'intendante, dit-il, malheur à la coiffeuse, malheur au liburnien qui s'est trop fait attendre! *les bâtons volent en éclats, le sang coule dans la maison, sous les fouets et les lanières*. Quelques-unes gagent des bourreaux à l'année. On frappe : elle se peint le visage, elle donne audience à ses amies, elle considère l'or et le dessin d'une robe nouvelle! — On continue de frapper : elle parcourt les articles d'un long journal! on frappe toujours, mais les forces viennent à manquer! — Il suffit!

---

(1) Altior *hic quare cicianus?* (Juven. Sat. 6.)

s'écrie-t-elle, d'une voix terrible, quand les corrections sont appliquées; sors d'ici, malheureux! » (1).

Dans toute l'Italie, on frappait les esclaves comme à Rome, si ce n'est qu'on les frappait, quelquefois, avec une cruauté plus raffinée : ainsi, Aristote raconte que, de son temps, les Etruriens avaient coutume de frapper leurs esclaves, *au son de la flûte* (2).

En présence de pareilles coutumes, demander si les Romains, — qui pouvaient tuer leurs enfants, et avaient, généralement, sur leurs femmes, un droit de vie et de mort aussi absolu que sur leurs esclaves, — avaient le droit de les battre, *au temps de Jésus-Christ*, ce serait faire une question qui ne serait pas sérieuse.

Tout ce qu'on peut dire, c'est que, dans les Novelles de Justinien, on trouve encore un texte ainsi conçu : « Si quelqu'un a frappé sa propre femme avec des fouets ou avec des verges, sans avoir l'un des motifs que nous avons indiqués comme suffisants pour entraîner la dissolution du mariage contre la femme, *nous ne voulons pas que la dissolution du mariage puisse*

(1) Juvenal, Sat. 6. V. 475 et suiv. — Martial, épigr. 66, liv. 2. — Sénèque, de irâ, liv. 3, ch. 5. — Ammien-Marcellin, liv. 28. — Athénée, liv. XV, 93.

(2) Narrat Aristoteles, suo etiam tempore, servos ad tibiæ cantum, solitos *flagris cœdi*. (Plutarque, de cohib. irâ.)

être prononcée pour ce fait. Mais le mari qui est convaincu d'avoir ainsi frappé sa femme, *sans l'un de ces motifs,* devra seulement lui payer, pour cette injure, et cela durant le mariage, le tiers de sa donation ante-nuptiale (2). »

Les interprétes ajoutent que le mari pouvait *frapper violemment* sa femme dans tous les cas où il pouvait la répudier, et que, *dans les antres cas,* il pouvait lui appliquer *une correction* modérée.

Si tel était le droit romain, au temps de Justinien, on devine ce qu'il pouvait être chez tous les peuples, au temps d'Auguste ou de Tibère, c'est-à-dire à l'époque où le christianisme n'avait pas encore été répandu par Jésus-Christ et ses apôtres.

---

(2) Novelle 117, ch. 14. — In quibus causis vir potest uxorem repudiare, in illis omnibus potest uxorem *acriter verberare.* (Notes de Godefr.)

CHAPITRE VII

Du droit de mutilation, de blessures et de coups sur soi-même.

Nous avons déjà vu, dans nos précédentes Etudes, que tous les législateurs du paganisme avaient autorisé l'homme *à se vendre,* et même à disposer souverainement de sa propre vie, c'est-à-dire à se *suicider* : Nous allons voir maintenant que, par une conséquence naturelle de ces prémisses, non-seulement ces législateurs n'avaient interdit à personne le droit de se *mutiler,* de se blesser, de se *stigmatiser,* ou de se défigurer, au gré des fantaisies les plus bizarres, mais qu'ils avaient même admis que l'honneur ou la religion imposaient, dans certaines circonstances, le devoir de commettre ces attentats sur soi-même.

Parmi les mutilations volontaires les plus

fréquentes, avant le christianisme, nous devons citer, en première ligne, la castration sur soi-même, en l'honneur de Cybèle, de Junon l'Assyrienne, de Diane et de Jupiter, et de plusieurs autres dieux et déesses, dont nous pouvons nous dispenser de faire l'énumération.

La nécessité de la discussion nous obligera de faire connaître l'origine de ces usages, mais nous ne le ferons qu'avec la gravité et la réserve qu'on doit attendre d'un esprit sérieux, et nous aurons soin d'écarter tous les détails rapportés par les anciens auteurs, lorsqu'ils ne seront pas compatibles avec le respect des bonnes mœurs, et les règles d'une bonne éducation.

Le culte de Cybèle par des prêtres qui s'étaient volontairement mutilés de cette manière doit être fort ancien, car on croyait, dans l'antiquité, qu'il remontait à Cybèle elle-même.

D'après les traditions recueillies par un certain nombre d'écrivains, il paraîtrait que, se trouvant en Phrygie, la femme de Saturne, —qu'on avait ensuite divinisée sous les noms de Cybèle, Ops, Rhéa, Vesta, Dyndimène, Bérécinthe, la Mère du Mont-Ida, la *bonne déesse*, etc., — était devenue éperdument éprise d'un jeune phrygien d'une rare beauté, qui s'appelait Atys.

Pour s'attacher à jamais celui qu'elle avait choisi, elle lui avait confié la garde d'un temple élevé en son honneur à Pessinunte, ville célèbre de cette contrée, mais à la condition expresse que, pour toutes les autres femmes, il serait toujours un enfant.

Atys avait promis tout ce que Cybèle avait voulu, et il avait même commis l'imprudence de déclarer, par serment, que s'il oubliait sa promesse, *sa première faute serait aussi la dernière.*

Malheureusement, il avait connu la nymphe Sagaris, et il n'avait pas tardé à devenir coupable : Cybèle avait fait aussitôt périr sa rivale, et avait rendu Atys fou de désespoir.

Il se lamentait, il se déchirait les chairs avec les ongles, et couvrait la terre de son sang, lorsque, tout-à-coup, dans l'amertume de ses remords, il saisit une pierre aigue, et se mit dans un état que les anciens ont fait connaître (1).

A partir de ce moment, Atys s'était consacré sans réserve au culte de la bonne déesse, et, pour perpétuer le souvenir de son expiation et de son amour, il avait décidé que d'autres prêtres, — dont la première condition d'aptitude serait de se réduire eux-mêmes dans l'état où

---

(1) Ah ! pereant partes, — quæ nocuere mihi,
Ah ! pereant, — dicebat adhuc, — onus inguinis aufert,
Nulla que sunt subito signa relicta viro.
(Ovide, fast., liv. 4. V. 230 et suiv.)

il s'était mis,—se consacreraient, comme lui, à la garde de son temple.

Non-seulement il avait trouvé des imitateurs pour remplir ce sacerdoce, et avait fondé un collége de prêtres mutilés à Pessinunte, mais cet exemple s'était perpétué, d'âge en âge, comme un témoignage de piété envers Cybèle, et des colléges de prêtres, appelés *Galles*, (nom d'un fleuve de Phrygie, qui coule près de Pessinunte), s'étaient répandus dans presque toutes les parties du monde.

L'histoire de Combabus, qui avait fondé le culte de Junon l'Assyrienne, à Hiérapolis, en Syrie, n'est pas moins singulière que l'histoire d'Atys, et mérite également d'être rapportée.

D'après une tradition répandue dans l'Orient, Stratonice, femme de Seleucus, roi d'Assyrie, avait eu un songe : Elle avait rêvé que Junon lui avait donné l'ordre d'élever un temple en son honneur, non loin des rives de l'Euphrate, dans une ville qui s'appellait à cette époque Edesse, ou Bombyce, et que les Syriens appelaient Magog.

Le roi qui craignait d'irriter contre lui la fille de Rhéa et la femme de Jupiter, et, peut-être, plus encore, de se brouiller avec la reine, avait consenti à fournir de l'argent pour bâtir ce temple, et choisi l'un de ses favoris, pour accompagner Stratonice.

Ce favori, c'était Combabus.

Doué d'autant de pénétration dans l'esprit que de distinction dans sa personne, Combabus avait prévu ce qui devait arriver : c'est qu'une fois que Stratonice, qui était jeune et belle, serait établie, seule, sur les bords de l'Euphrate, elle ne penserait pas toujours à adorer les dieux, et qu'il aurait à lutter contre des entraînements auxquelles il serait difficile de résister.

Pour ne pas s'exposer à trahir Seleucus, il avait pris une résolution énergique.

Avant de se mettre en route, il avait exécuté, sur lui-même, l'espèce particulière de mutilation qu'Atys ne s'était faite qu'après avoir trahi Cybèle, et porté, entre les mains du roi, — sans lui confier ce qu'il avait fait, — un vase, rempli d'aromates et scellé de son sceau, qui contenait les preuves matérielles de sa mutilation.

Le roi avait accepté le dépôt, et le favori était parti pour Edesse, avec sa souveraine.

Les pressentiments de Combabus, s'étaient bientôt réalisées.

Stratonice avait passé par toutes les phases que les Grecs avaient racontées, en parlant de Sthénobée et de Phèdre de Crète; le bruit de sa passion était arrivé jusqu'aux oreilles du roi, et Combabus allait subir le dernier supplice, lorsque l'examen du vase avait fait éclater la vérité.

Comblé de richesses et de dignités, en récompense de sa fidélité, le courageux courtisan avait été maintenu dans sa mission de confiance, et il avait achevé la construction du temple d'Edesse, dont il était devenu, naturellement, le souverain pontife ou le grand prêtre.

La tradition rapporte que ceux de ses amis qui lui étaient le plus attachés, firent le même sacrifice, pour partager son malheur; d'autres prétendent que Junon, flattée de ces actes de dévouement, sut inspirer à d'autres hommes l'idée d'imiter Combabus.

Toujours est-il que, depuis cette époque, — *chaque année*, — dans le temple d'Edesse, aux sons d'une musique entraînante, et en présence d'une foule immense accourue pour assister à ce spectacle, un certain nombre de jeunes gens se mutilaient en l'honneur de Combabus ou de Junon : Lucien raconte même les détails de cette cérémonie dans des termes tellement inconvenants qu'il est impossible de les rapporter (1).

Mais ce qui peut paraître plus incroyable encore, c'est que, la ville d'Edesse prit le nom de ville sacrée (en grec *Hiérapolis*), et que le *temple de Junon*, dans l'enceinte duquel on voyait, — parmi des figures symboliques et des

---

(1) Satim se castrat, ac per urbem currit, manibus ferens quæ abscidit. (Déesse de Syrie, § 51.)

simulacres honteux, — une statue d'airain de Combabus, devint l'un des temples les plus vénérés de l'Asie : l'Arabie, la Phénicie, la Cilicie, la Cappadoce, et l'Assyrie, y apportaient tout ce que leur pays produisait de plus précieux.

En lisant ces récits de l'antiquité, on ne saurait véritablement se défendre d'un sentiment de douleur et de pitié pour les générations qui vécurent à cette époque, et l'on se demande comment on pourrait les justifier d'avoir sanctifié de pareilles horreurs, si elles n'avaient pas encore ignoré les lois éternelles qui doivent régir les sociétés humaines !

L'histoire ne nous a pas conservé les détails des mutilations qui se pratiquaient en l'honneur des autres dieux et déesses, mais nous savons que les prêtres du temple de Diane, à Ephèse, dans l'Asie-Mineure, se mutilaient, et que, ceux du temple de Jupiter, qui se trouvait à Dodone, au pied du Mont-Tomarus, en Epire, se rendaient aussi volontairement eunuques, comme ceux de Cybèle, de Diane et de Junon (1).

Nous ne poursuivrons pas ces développements, mais on voit déjà que le nombre des

---

(1) Templi Dianæ Ephesiæ sacerdotes *ex lege* eunuchi erant, habebantur que summo in honore. (Thés. antiq. Græc., t. 4, p. 146, C. — Eustathe, sur l'Iliade, XVI. — De Pastoret, législ. des Epir.)

hommes qui se privaient des attributs de leur sexe, pour se consacrer au service des dieux, était considérable, et nous pouvons affirmer que, sous le nom de *Galles, Curètes, Dactyles ou Corybantes*, on trouvait une foule de ces prêtres, ainsi mutilés, dans la Lydie, dans la Galatie, dans la Samothrace, dans la Syrie, dans la Crète, dans la Grèce, dans l'Afrique, et jusques dans la métropole de l'empire romain.

Juvenal nous montre encore, au IIe siècle, la foule des prêtres de Cybèle et de Bellone, entrant dans le palais d'une dame romaine, au bruit des tambours, sous la direction d'un personnage gigantesque, coiffé d'une thiare phrygienne, et qui *s'était mutilé avec une écaille de tortue* (1).

Un autre usage, non moins extraordinaire, et qui était également répandu chez les peuples du paganisme, consistait à se faire des incisions dans les chairs, et à pratiquer sur soi-même des flagellations cruelles, pour apaiser le courroux des dieux, ou pour obtenir leurs faveurs.

Ainsi, nous voyons, dans le troisième livre

---

(1) Hérodien, Vie de Comm., liv. 1.
Bellonæ matris que deûm chorus intrat, et ingens,
Semivir, obsceno facies reverenda minori,
Mollia qui rupta secuit genitalia testa.
(Juv. Sat. VI. V. 511 et suiv.)

des Rois que les quatre cent cinquante prophètes de Baal, — au moment où ils offraient un sacrifice, — se faisaient des incisions avec des couteaux et des lancettes, *jusqu'à ce qu'ils fussent couverts de sang,* et la Bible ne manque pas d'ajouter qu'en agissant ainsi, ils se conformaient *au rite consacré* (1).

En général, tous les prêtres de toutes les divinités, et notamment ceux de Cybèle, de Junon, et de Bellone, se lacéraient et se flagellaient dans les cérémonies publiques, pour montrer la ferveur de leur zèle, et exciter la piété ou la charité des assistants.

A certaines époques de l'année, ils prenaient, dans leurs temples, les statues qui représentaient ces divinités, et, vêtus de robes bigarrées, faisant retentir les airs des sons de la flûte phrygienne, des cystres et des tympanons, ils promenaient ces statues, en grande pompe, dans les rues et dans les carrefours, suivis d'une foule nombreuse, et marchant sur des roses et sur des fleurs que la piété publique répandait sous leurs pas (2).

De temps à autre ils s'arrêtaient, et, après avoir poussé des hurlements, agité des chaînes,

---

(1) Incidebant se, *juxta ritum suum,* cultris et lanceolis, donec perfunderentur sanguine. (R. liv. III. 28)

(2) . . . . . Ningunt que rosarum floribus, umbrantes matrem comitum que catervas. Lucrèce.

renversé la tête, et exécuté diverses évolutions convulsives, ils se tailladaient les coudes, s'incisaient les bras avec des couteaux, ou se fouettaient avec des cordelettes garnies de nœuds ou d'osselets de mouton : quand le sang avait coulé, ils tendaient leurs robes aux pièces de cuivre ou d'argent qu'on leur jetait, et reprenaient leur marche triomphale, pour recommencer un peu plus loin (1).

Toutes ces démonstrations étaient imitées par le peuple, non-seulement pour honorer les dieux, mais,— et plus particulièrement encore, — pour donner des marques de douleur, dans les deuils publics ou domestiques.

Plutarque dit qu'il y avait des *barbares* qui se coupaient le nez, les oreilles ou d'autres membres de leur corps, et qui pensaient, en se mutilant ainsi, *faire plaisir aux morts* : Hérodote assure que les Scythes se mutilaient ainsi aux *funérailles* de leurs rois (2).

Ceux qui ne se faisaient pas de véritables mutilations se croyaient au moins tenus de se

---

(1) Apulée, les Métam., liv. 8. — Lucrèce, Loco cit. — Lactauce, nstiti. divines. — L. 1, § 21. — Conscendit sibi ense cubitum. (Lucien, Dialog. 8, 12, § 1.) Vulnerat sibi brachia. (Id. Déesse de Syrie, § 50.) — Quos sectis *Bellona* Lacertis, — sæva movet. (Lucain1.)
Alba minùs sævis Lacerantur brachia cultris.
Cùm fugit ad Phrygios, enthea turba modes.
(Martial.)

(2) Plutarque, Consol. à Appol. — Hérodote, liv. 4, c. 71. — Strabem, liv. 17, ch. 17, § 22.

faire quelques blessures, et les femmes, surtout, — non-seulement dans les pays barbares, mais même dans la Grèce et dans l'Italie, — considéraient comme un devoir religieux de se déchirer le visage, de se meurtrir la poitrine et de s'ensanglanter les chairs, quand elles assistaient aux funérailles de leurs parents ou de leurs époux.

« Déchirez votre visage, faites ruisseler le sang de vos joues ; c'est l'*honneur* que les vivants doivent rendre aux morts ! » Tel est le cri qu'Euripide met dans la bouche de ses Suppliantes : Eschyle parle de même dans ses Choéphores, Cicéron dans ses Tusculanes, Virgile dans son Enéide, Properce dans ses Elégies, et tous les écrivains grecs et latins sont remplis de ces allusions (1).

Douze cents ans, environ, après Moyse, c'est-à-dire à l'époque de la loi des XII tables, cet abus était tellement grave et général que les Décemvirs crurent devoir introduire, dans cette loi, une disposition ainsi conçue : « Que les femmes ne se déchirent pas les joues, et ne poussent pas des cris immodérés. » (Table X. IV.) (2).

(1) Eurip. Suppl., acte 1. — Eschy. Choéph., acte 1. Sc. 2. — Cic. Tusc. 11, 22.
Unguibus *ora* soror fædans, et *pectora pugnis*. (Virg. En. V. 637.) — Pline, Hist. nat. XI. 37.

(2) Mulieres *genas* ne radunto.

Mais cette interdiction qui ne s'appliquait qu'*au visage,* n'empêcha pas de se blesser et de se frapper, soit sur la poitrine, soit les autres parties du corps, et nous voyons, dans les auteurs ci-dessus cités, que cet usage se maintint, à Rome, après la loi des XII tables, et même après le christianisme.

Properce, qui est mort 19 ans avant Jésus-Christ, écrivait encore à sa maîtresse Cynthie : « Je ne veux pas que mes restes soient traînés sur une litière d'ivoire, au son funèbre des trompettes, ni que mon cortége soit précédé d'une longue suite d'images, ni qu'on porte des bassins d'où les parfums s'exhalent : *mais toi, Cynthie, tu me suivras, en déchirant ton sein nu* (1).

On peut même douter que la disposition de la loi des XII tables, qui était dépourvue de sanction pénale, ait été bien sérieusement exécutée, car nous voyons Ovide recommander souvent aux femmes de ne pas se déchirer le visage (2).

Les hommes qui ne se mutilaient pas et ne se blessaient pas, dans les deuils publics ou particuliers, se rasaient la barbe et les che-

(1) Tu verô nudum pectus lacerata, sequeris.
Properce, liv. 11. Eleg. 13.

(2) Quo ruis? attonita quid petis ora manu...
Parce, tamen, lacerare *genas*. (Tristes, liv. 3. El. 3.)
Ora, comas, cutem lacerat. (Metam. XI. V. 736.)

veux *jusqu'à la peau :* cet usage très-répandu, non-seulement dans tout l'Orient, mais même dans la Grèce, est attesté par Isaïe, Jérémie, Ezéchiel, Homère, Hérodote, Strabon, Xénophon et beaucoup d'autres (1).

Philon rapporte qu'un grand nombre de payens incrustaient des lettres sur leurs corps, à l'aide d'un fer chaud, pour se consacrer à leurs idoles, ou se stigmatisaient pour d'autres motifs inspirés par la superstition (2).

Jamais les législateurs payens, avant Jésus-Christ, n'avaient interdit le droit de mutilation, de blessures ou de coups sur soi-même, et s'il fallait joindre à tous ces documents une preuve plus complète et plus décisive, il nous suffirait d'ouvrir le droit romain :

Ulpien se demande, dans un texte du Digeste, si un esclave qui se mutile ou se blesse volontairement est tenu, sur son pécule, de réparer le dommage qu'il a fait à son maître, et il répond négativement, par cette raison qui résume, sur ce point, toutes les législations du

---

(1) In cunctis capitibus ejus *calvitium* et omnis barba radetur. (Isaie XV, 2.) Omne enimc caput *calvitium*, et omnis barba rasa erit. (Jerem. XLVIII, 37.) — In omnibus capitibus eorum *calvitium*. (Ezech. VII, 18.) Hérod., liv. II, ch. 85 et 86. — Liv. IX, ch. 24. — Strabon, liv. XVI. — Xén., Hist. grecq., liv. 1, ch. 7.

(2) Confirmantes eam servitutem litteris inustis *in corpore, ferro ignito*. (Philon de Monarch. 1, in fin.) — Lucien, Déesse de Syrie, etc.

paganisme : « *Il est permis, même aux esclaves, de sévir sur leur corps naturellement* (c'est-à-dire conformément au droit naturel) » (1).

Il n'existait, dans le droit romain, qu'une exception à cette règle, c'était lorsqu'on se mutilait pour se rendre impropre *au service militaire :* Vettenius, qui s'était coupé les doigts de la main gauche, pour s'exempter du service dans l'armée d'Italie, fut condamné à la prison perpétuelle, et ses biens furent confisqués (2).

C'est aussi la seule exception admise dans notre droit français : Le conscrit qui s'est mutilé est puni de la peine de l'emprisonnement.

Voyons, maintenant, si tous ces attentats sur soi-même et ces défigurations, qui ont été interdits par les lois de Moyse et de Jésus-Christ, ont été seulement blâmés ou critiqués par les philosophes du paganisme.

Interrogeons leurs ouvrages.

---

(1) Licet enim etiam servis naturaliter in corpus suum sevire (ff. de Pec., liv. XV, tit. 1.)

(2) Valère-Maxime, 6. 3. 3.

CHAPITRE VIII.

De l'opinion des écrivains antérieurs à Jésus-Christ, sur le droit de mutilation, de blessures et de coups, en général.

Une des choses qui paraît vue avec le plus de défaveur par certains hommes, — doués, d'ailleurs, d'esprits élevés et généreux, — c'est, l'exposé des doctrines révoltantes qui ont été répandues dans le monde, par les écrivains les plus illustres du paganisme, sur certaines matières du droit proprement dit et de la morale.

Exposer impartialement ces doctrines, en citant même le texte des passages qu'ils ont écrits, c'est, en quelque sorte, — à leurs yeux, — commettre un sacrilége, et prétendre renverser la philosophie toute entière, pour arborer la bannière de l'obscurantisme!

Comment se fait-il que de pareils sentiments se produisent, en présence des respects sans cesse renouvelés envers le génie et la mémoire de ces grands écrivains, c'est ce qu'il importe, d'abord, d'expliquer très sommairement.

Les hommes éminents, dont on vient de parler, ont puisé les éléments de presque toutes les connaissances qu'ils possèdent dans les chefs-d'œuvre du paganisme : Ils ont passé leur jeunesse à étudier la philosophie dans Platon et dans Aristote, l'histoire dans Xénophon et dans Tacite, l'art oratoire dans Cicéron et dans Démosthènes, les belles lettres, en général, dans les ouvrages de l'antiquité latine et grecque, et la science du droit, — elle-même, — dans les institutes et les pandectes de Justinien, qu'on enseignait, *il y a treize cents ans*, dans les écoles de droit de Béryte et de Constantinople.

Vivant sous le charme de ces premières impressions, pénétrés de l'esprit de leurs modèles, formés à cette école incomparable pour la logique et l'éloquence, ils ont gardé toutes leurs admirations pour les maîtres immortels qui leur ont appris l'art de penser, d'écrire et de parler, et ils croiraient se déshonorer, par la plus lâche ingratitude, s'ils consentaient à laisser toucher à l'auréole dont ils les ont environnés.

Ces sentiments sont, sans doute, respectables, mais ils ne devraient pas aller jusqu'à les aveugler sur les erreurs que ces grands hommes ont commises, et à les empêcher d'être justes envers le christianisme qui nous a donné les lumières nécessaires pour découvrir ces erreurs : Les faits parlent, et ils devraient compter avec les faits.

S'il est vrai que la civilisation payenne représente un ensemble d'institutions et de doctrines qui, déjà, pour la plupart, sont devenus incompatibles avec l'organisation de nos sociétés modernes, ils devraient reconnaître qu'en matière de droit et de morale, les écrivains de l'antiquité classique ont dû souvent se tromper, et qu'en dehors d'eux, il existait des vérités intellectuelles et des grandeurs morales qu'ils ne leur avait pas été donné d'entrevoir.

S'il est vrai que, de l'aveu de tout le monde, le christianisme ait été le levier le plus puissant qui ait encore servi au développement de la civilisation actuelle, ils devraient comprendre que le meilleur moyen d'accélérer les progrès de cette civilisation, c'est de faire, pour l'antiquité chrétienne, ce que nous avons déjà fait pour l'antiquité classique et le droit Romain, c'est-à-dire de remonter aux sources, d'étudier *scientifiquement* les textes des évangiles et des écrits des apôtres, de recueillir, avec soin, l'esprit et les traditions des primitives églises, et, enfin, de populariser, en les traduisant dans notre langue nationale, les principaux passages des monuments des premiers siècles, qui peuvent seuls nous préserver des interprétations arbitraires et nous diriger.

C'est précisément, le but que nous poursuivons.

Nous n'interrogeons pas les écrivains antérieurs à Jésus-Christ pour nous procurer le stérile plaisir de les surprendre en défaut et de dénigrer leur gloire, mais pour combattre, dans un intérêt commun, les idées fausses et dangereuses qu'ils ont accréditées : nous n'interrogeons pas l'ancien et le nouveau Testament pour nous engager dans des théories sans autorité, souvent chimériques, toujours discutables et toujours discutées, mais pour poser des principes *fixes* et pour montrer l'utilité qu'on pourrait retirer de ces textes, au point de vue du *droit pratique*.

En un mot, nous croyons que le meilleur moyen de renverser les idées payennes, dont nous subissons encore l'influence, sans nous en rendre compte, et d'arriver aux seuls progrès qui soient légitimes et durables, c'est de se placer sur la large base du christianisme, et de demander l'application de ses principes *dans les lois*, parce qu'aucune doctrine religieuse, philosophique ou politique, ne pourra jamais contribuer plus efficacement au triomphe de toutes les idées généreuses, justes et *pratiques*, que la doctrine de Jésus-Christ et de ses apôtres.

Ce serait, selon nous, rendre un véritable service que de faire comprendre à tous les hommes éclairés la nécessité de leur rapprochement et de leur alliance sur ce *terrain commun* du christianisme, afin de travailler tous ensemble, sans distinction de sectes et de partis, à la réalisation des principes évangéliques dans les lois.

Pour atteindre ce résultat, il faudrait, sans doute, que l'initiative partît de plus haut, mais, dans ce modeste travail, s'il nous était permis de revendiquer un mérite quelconque, ce serait d'avoir entrepris cette tâche, et essayé de prouver, par des exemples, l'exactitude de cette opinion.

Nous allons, immédiatement, faire connaître quelques-unes des idées fausses et dangereuses qui ont été répandues par les écrivains antérieurs à Jésus-Christ.

Déjà, nous avons vu ces écrivains approuver, dans les termes les plus formels, le droit de vie et de mort des maîtres sur les esclaves, l'infanticide, l'avortement, l'exposition des enfants, et le suicide : nous allons les voir, maintenant, approuver, dans des termes non moins formels, l'usage de la marque ou des stigmates, des fouets et des verges, non-seulement envers les esclaves, mais envers les hommes libres.

Commençons, d'abord, par Platon.

Dans son livre de la république, où il trace le modèle d'une société parfaite, cet illustre philosophe s'exprime littéralement ainsi :

« Tout homme, soit étranger, soit esclave, qui sera surpris volant une chose sacrée, portera écrite *sur sa face*, et sur ses mains, la faute qu'il aura commise, et sera chassé, *nu*, hors des limites du pays, après avoir été frappé d'autant de coups qu'il plaira aux juges. » (1)

Ainsi, voilà le grand Platon qui admet la peine de la *marque*, ou l'application des *stigmates*, non-seulement sur les mains, mais même sur le visage, non-seulement sur les esclaves, mais même sur les hommes libres : — Il faut que ceux qui considèrent cette peine comme une barbarie indigne des peuples civilisés en prennent leur parti, mais ils ne pourront plus contester que l'un des plus grands philosophes grecs l'ait approuvée, et consacrée dans le code pénal de sa république.

Nous n'insisterons pas sur ce qu'il a dit, dans son dialogue du *Protagoras*, pour expliquer

---

(1) In facie et manibus scriptum gerens malum, et verberibus tot, quod judicibus visum fuerit, cæsus extrà fines regionis, *nudus* ejicitor. (Rep., liv. 9. — Edition F. Didot.)

comment les nourrices, les mères, les pédagogues, et les pères eux-mêmes, redressaient leurs enfants par des menaces et par *des coups*, lorsqu'ils n'étaient pas dociles à leurs leçons, et nous interrogerons de suite un autre philosophe qui a formulé, sur ce point, une théorie encore plus nette et plus complète : nous voulons parler d'Aristote.

Aristote vivait à l'époque où Thèbes, Lacédémone et Carthage étaient au faîte de leur splendeur ; il avait recueilli et medité les constitutions de cent cinquante-huit peuples, et réunissait les conditions de science, d'expérience et de génie, — les plus heureuses, — pour discuter les questions de législation et de morale ; voici comment il s'exprimait dans son ouvrage sur la politique :

« Si un enfant, appartenant à la classe libre, est surpris à dire ou à faire une chose qui lui a été défendue, et qu'il ne soit pas encore admis aux repas publics, il sera puni par quelque peine *ignominieuse* et par *des coups ;* s'il est plus âgé, il sera puni comme un esclave, parce qu'il se sera montré, par ses mœurs, semblable aux esclaves » (1).

Tel est le résultat des méditations d'Aristote,

---

(1) Si quis comperiatur dicere ol agere *vetitorum* quicquam... *verbenibus* affici (πληγναις). (Arist., Polit., liv. VII, ch. XV. *Ed. Didot*, p. 623.)

en matière d'éducation des enfants. Il ne faut pas demander, si, lorsqu'il permet de *frapper* les enfants libres, il défend de *frapper* les esclaves; car, après avoir soutenu que l'esclavage était *juste*, et écrit ces mots : « *Il y a peu de différence entre l'usage des esclaves et des animaux muets,* » il ne lui aurait plus été possible de comprendre pourquoi il serait interdit d'appliquer aux uns et aux autres les mêmes moyens de correction (1).

Un autre écrivain qui avait été, comme Platon, le disciple de Socrate, et avait acquis dans la philosophie, l'histoire et la politique, une autorité non moins considérable, — Xénophon, — s'est expliqué d'une manière aussi explicite :

Dans son traité sur l'*Economie*, cet auteur rapporte une conversation entre Socrate et *Isomachus,* lequel était surnommé le beau et *le bon,* et signalé par tout le monde comme le type de l'homme de bien et du père de famille : Isomachus explique, dans les termes suivants, comment il s'y prend pour former un bon contre-maître, et lui apprendre à commander :

« *Les autres animaux,* dit-il, apprennent à obéir, grâce à deux mobiles : les bons traitements quand ils se prêtent au service, et le châtiment quand ils essaient de désobéir. Ainsi,

---

(1) Servorum et animantium mutorum usus parum inter se differt. (Id., liv. 1, ch. 2, p. 486.)

les poulains apprennent à obéir aux *dresseurs*... de même les petits chiens, qui sont cependant, si inférieurs à l'homme, sous le rapport de l'intelligence et du langage, apprennent cependant, à courir en rond, à faire des culbutes, et le reste. Dès qu'ils obéissent, ils ont tout ce qui leur faut; quand ils se négligent, on les punit. Les hommes peuvent devenir plus obéissants, au moyen de la parole, si on leur fait voir que c'est leur intérêt d'obéir. *C'est aussi par cette discipline, qui paraît être celle des bêtes, qu'on parvient, principalement, à apprendre aux esclaves à obéir* » (1).

Est-il possible de dire plus clairement que l'éducation des esclaves devait être faite *par les coups* comme celle des animaux, et les paroles qu'il met dans la bouche *de l'homme de bien par excellence* ne montrent-elles pas que sa théorie ne blessait pas, alors, la conscience publique ?

Arrivé à ce passage, un des derniers traducteurs de Xénophon a laissé échapper ces paroles « *pour l'honneur de l'antiquité*, et comme contre-partie à ces lignes *désolantes*, lisez la belle épître 47 de Sénèque : » — Oui, mais Sénèque est mort trente-deux ans après Jésus-

(1) Servis quoque *eâ disciplinâ, quæ belluina videtur esse*, valdè conducit ad hoc, ut parere discant. (Econom., ch. 13. — Edition F. Didot.)

Christ, et avait connu le christianisme, qui avait dit, *avant lui*, aux esclaves et aux hommes libres, « *vous êtes tous frères !* » (1)

Tous les écrivains antérieurs au christianisme pensaient à cet égard, comme Platon, Aristote et Xénophon, et nous allons voir, maintenant, Polybe, qui écrivait cent cinquante ans après le dernier d'entr'eux, exposer les mêmes principes avec une énergie d'expression encore plus forte.

« S'il arrive, dit-il, que l'auteur de quelque injure soit frappé, tout le monde reconnaît qu'il a été *frappé à bon droit :* si la même chose est faite dans le *dessein de corriger*, ou *par mesure de discipline*, alors ceux qui frappent, même des *hommes libres*, sont considérés comme dignes de louanges, et méritent des actions de grâces. » (2)

Ainsi, frapper pour punir l'auteur d'une injure, où pour réparer un tort ; frapper, pour *donner un enseignement*, ou *pour corriger*, non seulement des esclaves, mais même des hommes libres, ce n'était pas seulement, d'après lui, faire un acte conforme *à la justice*, c'est-à-dire

(1) Eug. Talbot, librairie Hachette, 1859. — « *Vos omnes fratres estis !* »

(2) Si patratæ injuriæ anctorem cædi contingat, jure cædi omnes pronuntiant. Quod si fiat corrigendi consilio et disciplinæ gratia, tunc etiam laude et gratiarum actione digni habentur qui liberos homines cædunt. (Polyb., liv. 2, ch. 56.)

à la véritable science des choses divines et humaines, c'était encore acquérir des droits à l'estime et à la considération de tous les honnêtes gens !

Certes, jamais la légitimité des coups, comme moyen de châtiment et de gouvernement, non-seulement dans l'état, mais dans la famille, ne pouvait être affirmée et glorifiée avec plus d'éclat et d'autorité !

Nous pourrions dire que Cicéron, parle, en l'approuvant lui-même implicitement, de l'usage de faire marquer la lettre K sur le *front* des calomniateurs, et qu'il raconte, sans s'en étonner, qu'à Rome les mères et les gouverneurs avaient coutume de châtier non-seulement par des paroles, mais encore par *des coups*, les enfants qui ne versaient pas de larmes ou s'égayaient, hors de saison, dans les deuils domestiques. (1)

Mais s'il fallait citer tous les anciens écrivains qui n'ont pas protesté contre les stigmates, la castration, la circoncision, la bastonnade, la flagellation, et les blessures volontaires sur soi-même, il faudrait les citer tous.

C'est, en effet, une chose bien digne de remarque, et sur laquelle on ne saurait trop appeler l'attention des savants. Chez tous les

---

(1) Cic., Pro Roscio Am., § 20. — Tusculanes, liv. 3, § 27.

peuples anciens qui n'ont pas connu le christianisme, de même que chez tous les peuples modernes qui sont restés complètement étrangers à son influence, on retrouve toujours les mêmes institutions : Partout la vente des êtres humains, l'esclavage, l'infanticide, l'exposition, l'avortement, la mutilation, les stigmates, le tatouage, les coups et blessures, y sont autorisés par les lois ou par les coutumes.

Ce résultat ne doit pas surprendre.

Plus l'idée qu'on se fait de l'origine et de la destinée de l'homme est basse et terrestre, plus les institutions qui lui sont appliquées l'avilissent et le sacrifient : Quand on croit que les premiers hommes étaient *autochtones*, c'est-à-dire produits par la terre, et que la mort est, pour eux, comme pour le reste des animaux, l'anéantissement absolu de l'existence, on ne découvre pas une seule raison sérieuse pour mettre les créatures humaines hors du commerce, et les déclarer plus sacrées et plus inviolables que les autres êtres de la création.

Pour arriver à l'inviolabilité de la personne humaine, il faut savoir que, *seul*, entre tous les êtres terrestres, l'*homme a été fait à l'image et à la ressemblance de Dieu ;* ou, — comme le disaient Jésus-Christ et ses apôtres, en développant cettte idée de l'ancien Testament, — qu'il est immortel par son esprit, qu'il ressuscite *dans sa chair*, et que cette chair étant devenue une substance, incorruptible et glorieuse, il continue de vivre, *identiquement et éternellement*, dans un monde supérieur.

C'est à l'aide de ces idées, complètement ignorées des peuples étrangers au christianisme et considérées, encore aujourd'hui, par beaucoup d'hommes, comme de sublimes folies, qu'il devient seulement possible de comprendre pourquoi les créatures humaines doivent être exceptionnellement respectées et protégées dans leur existence et *dans leur corps :* quand on croit, selon les expressions même de St.-Paul, que ces créatures « *portent Dieu en elles, qu'elles sont ses temples, qu'elles sont saintes comme ces temples, et qu'elles n'appartiennent qu'à Dieu,* » c'est alors, seulement, qu'on découvre pourquoi il ne peut plus être permis de les souiller, de les défigurer, de les vendre, de les frapper, de les mutiler et de les détruire.

Si nous nous plaçons en dehors de ces idées, nous ne voyons plus rien d'illogique, de faux, et d'injuste dans les institutions des peuples payens ou sauvages, et loin de les renverser, nous serions encore conduits, par la force irrésistible des choses, à les rétablir, ou à les maintenir, comme eux.

Voyons, maintenant, comment le législateur des hébreux avait statué sur ces matières.

SECTION DEUXIÈME.

DROIT HÉBRAIQUE.

CHAPITRE Ier

Exposé préliminaire.

A la tête de son Code, — et comme une préface indispensable, pour faire comprendre ce qu'il allait dire, — Moyse avait placé le livre de la *Génèse*, afin que les titres d'honneur et de dignité de la créature à laquelle il allait appliquer ses lois fussent toujours présents à la mémoire, et, dès la première page, il avait posé ce principe qui les contenait toutes : « l'homme a été fait à l'image et à la ressemblance de Dieu. »

En s'inspirant sans cesse de ce principe, il était impossible qu'il ne fût pas conduit, — même dans les matières qui nous occupent, — à des conséquences diamètralement opposées à celles qui découlaient de la Génèse adoptée par tous les autres législateurs : Aussi, allons-nous trouver, dans son Code, des lois tellement différentes de celles des autres peuples, qu'aujourd'hui même encore, quelques-unes paraissent inadmissibles à certains jurisconsultes qui perdent de vue le grand principe posé au frontispice de sa législation.

D'abord, — chose essentielle ! — Moyse avait interdit de mutiler et de stigmatiser les esclaves, et, à plus forte raison, les hommes libres : toute espèce de mutilation pratiquée sur des esclaves *étrangers* entraînait, de plein droit, l'affranchissement de cet esclave, et toute espèce de mutilation pratiquée sur un esclave *hébreu*, entraînait contre le maître la peine du talion, comme si cette mutilation était commise sur un homme *libre*.

Il avait ensuite introduit, en faveur des esclaves *fugitifs*, une disposition tellement protectrice qu'on peut se demander si, dans l'étendue du territoire de la Terre-Sainte, il pouvait y avoir d'autres esclaves que des serviteurs volontaires : En effet, il avait décidé, en principe, que les esclaves fugitifs ne seraient pas rendus à leurs maîtres, et pourraient aller se fixer partout où ils le voudraient, dans toute la terre des Hébreux, sans être inquiétés par personne.

La castration lui avait paru si contraire aux vues de Dieu et à la nécessité de la conservation des êtres créés par sa providence, qu'il l'avait interdite absolument, non-seulement sur les hommes et sur les femmes, mais même jusques sur les animaux, — afin sans doute, de la rendre encore plus odieuse à toute l'espèce humaine : Pendant tout le temps où ces lois furent en vigueur dans la Terre-Sainte, on n'aurait pas trouvé, parmi les descendants d'Israël, un seul homme qui n'eût cru se déshonorer et commettre un acte de révolte envers Dieu, s'il avait consenti à pratiquer ou à laisser pratiquer une pareille mutilation sur une créature humaine, même étrangère à sa nation, ou sur un animal sauvage ou domestique.

Seul, entre tous les législateurs du monde, Moyse avait pensé que l'homme n'avait pas le droit d'user et d'abuser capricieusement de son corps, comme d'une chose qui lui appartient en propre, et dont il n'est obligé de rendre compte à personne : non-seulement il avait interdit à tous les Hébreux de se suicider, mais il leur avait encore interdit de pratiquer volontairement sur eux-mêmes des mutilations, des stigmates, des tatouages, des incisions pour pleurer les morts, et même de modifier, par des artifices d'une certaine nature, le caractère primitif et les formes naturelles du corps humain.

Qu'on explique ces dispositions comme on le voudra, mais ce qui est certain, c'est qu'elles existent : quant à nous, lorsque nous nous reportons à l'époque où elles ont été écrites, c'est-à-dire à trois mille trois cents ans environ, nous les trouvons tellement au-dessus du niveau intellectuel de tous les peuples, que nous ne voyons qu'un moyen, — pour les détracteurs de l'ancien Testament, — d'en diminuer la valeur, c'est de soutenir que, comme la république de Platon, il a fait la peinture d'une civilisation idéale et chimérique.

Assurément, nous ne prétendons pas dire que Moyse ait toujours tiré toutes les conséquences qui dérivaient, — au moins implicitement, — du principe que l'homme est fait à la ressemblance de Dieu : nous aurons, même dans cette étude, l'occasion de faire connaître des dispositions qui ne s'accordent plus avec la perfection évangélique, et qui ont été abolies par Jésus-Christ ou ses apôtres.

Mais ce que nous pouvons dire, dès-à-présent, c'est que toutes les fois qu'il a été obligé, pour s'accommoder à la faiblesse d'un peuple encore imbu des préjugés de son temps, d'admettre, dans son code, quelques-unes des institutions charnelles et matérialistes du paganisme, il ne l'a fait qu'en y introduisant, déjà, des améliorations notables, et de manière à préparer la suppression définitive des imperfections qu'il devait tolérer.

L'historien juif Josèphe, qui était contemporain de Jésus-Christ, à écrit ces paroles remarquables, qui se trouvent dans son livre contre Appion : « Ce n'est pas seulement avec les lois des Grecs que les nôtres ne s'accordent point ; elles sont encore plus contraires à celles des Egyptiens, et de beaucoup d'autres peuples. » (1)

Nous reconnaissons qu'il faut se mettre en garde contre l'enthousiasme des écrivains qui célèbrent les gloires de leur patrie, mais nous allons produire, maintenant, des preuves et des autorités qui vont justifier les paroles de Josèphe.

(1) Non enim circà solos græcos discordia legum esse dignoscitur, sed maximè adversus Ægyptios et plurimos alios. (Jos. C. App., liv. 2, ch. 4.)

CHAPITRE II.

Étude des textes de l'ancien Testament sur le droit de mutilation, de blessures et de coups, dans la famille.

Il faut, d'abord, faire remarquer que le Pentateuque tout entier, — qui contient l'histoire de la création du monde, l'histoire des Hébreux jusqu'à Josué, et toute la législation civile, criminelle religieuse et politique de Moyse, — ne représente pas, en étendue, la millième partie de notre bulletin officiel des lois : il faut donc s'attendre à trouver des textes *très-laconiques.*

Mais ces textes, malgré leur laconisme, sont toujours très-clairs, et disent, généralement, tout ce qu'il faut dire, pour être compris par les intelligences les plus simples, comme les plus élevées.

Quand, cependant, un doute se présente sur leur sens ou leur portée, en rapprochant les anciennes versions de l'hébreu qui ont été faites dans plusieurs langues, en consultant les ouvrages de Josèphe et de Philon, les recueils du *Talmud* ou de la *Mischna*, et les commentaires des érudits qui ont analysé ces compilations, on arrive à retrouver, d'une manière exacte, la doctrine des synagogues, et la jurisprudence des tribunaux juifs, sur toutes les questions qu'il est utile d'approfondir.

Nous laisserons de côté toutes ces discussions, lorsqu'elles ne seront pas absolument nécessaires, ou nous n'en donnerons que la substance, et nous ne nous attacherons qu'à des faits certains et incontestés.

Le premier texte que nous devons faire connaître est relatif aux mutilations commises par les maîtres sur leurs esclaves. Il peut se traduire de la manière suivante, qui rend exactement le sens de l'hébreu : « Si un homme frappe son esclave ou sa servante, et les rend borgnes, il les renverra libres pour *l'œil* qu'il leur aura fait perdre : s'il fait sortir *une dent* de la bouche à son esclave ou à sa servante, il les renverra, pareillement, libres. » (1)

---

(1) . . . . . Et *luscos* fecerit, dimittet eos *liberos* pro oculo quem emerit; si *excusserit dentem*, similiter dimittet eos *liberos*. (Ex. XXI. 26, 27.)

Les Septante disent : *Excæcaverit*. La version chaldaïque dit : *Corruperit* oculum, et dentem cadere fecerit. — C'est le même sens.

Rien de plus clair, — assurément, — mais aussi rien de plus important que ce texte, pour la sécurité des esclaves.

La loi n'avait pas interdit aux maîtres de les frapper, et s'ils se bornaient à les frapper, sans commettre aucun des faits qu'elle avait prévus, ils n'encouraient aucune peine : Nous voyons même, par l'Ecclésiastique, qu'on recommandait « *d'ensanglanter les flancs d'un très-méchant esclave.* » (1)

Mais le grand progrès que le droit hébraïque avait déjà réalisé, c'est que, contrairement à toutes les législations du paganisme, il avait, au moins, interdit aux maîtres, — et cela *d'une manière absolue*, — le droit de les mutiler.

C'est ce que nous devons bien expliquer.

Quand il s'agissait de la perte d'un œil, ou seulement d'une dent, ancune difficulté ne pouvait s'élever, car la loi était formelle : — Par une combinaison ingénieuse, elle avait prévenu le danger d'une correction trop brutale, en appliquant au maître la peine qui pouvait le plus efficacement l'impressionner, c'est-à-dire la perte même de la propriété de l'esclave.

---

(1) Servo *pessimo latus sanguinare.* (Ecclésiastiq. 42, 5.)

L'intérêt est, en effet, pour la plupart des hommes, l'argument qui les touche le plus.

Mais s'il était interdit aux maîtres, sous peine d'affranchissement, de frapper leurs esclaves de manière à leur faire perdre un œil, ou seulement, *une dent,* pouvait-il être permis de les frapper de manière à leur enlever les oreilles, ou le nez, par exemple, dont la perte les aurait encore plus défigurés, ou à leur faire perdre les pieds et les mains, ou seulement les doigts, qui leur étaient bien plus nécessaires pour travailler ?

Ici, la loi ne s'était pas expliquée en termes précis.

Sans doute, Moyse avait défendu de rien ajouter à son code ou d'en rien retrancher, mais il n'avait pas défendu d'interroger l'esprit de la loi, pour appliquer les principes généraux aux faits multiples qui pouvaient se présenter : il fallait donc interpréter le texte que nous venons de citer.

Dans ce cas particulier, l'interprétation était facile.

Etait-il raisonnable de contraindre un maître à affranchir son esclave parce qu'il lui aurait brisé *une dent*, et de lui permettre de conserver ce même esclave lorsqu'il lui aurait fait perdre l'usage *d'un de ses autres membres?*

Evidemment, non !

Le bon sens et la logique devaient donc conduire tous les esprits à reconnaître que la loi avait entendu protéger les esclaves *contre toute espèce de mutilation.*

C'est ce qui avait lieu, en effet.

Tous les interprètes avaient compris qu'on devait étendre ce que la loi avait dit de l'œil et de la dent aux autres membres du corps humain, que l'on ne pouvait rétablir, lorsq'une fois ils avaient été rompus ; et ils en comptaient *vingt-quatre* de cette nature, parmi lesquels ils comprenaient les vingt doigts des pieds et des mains, les oreilles, le nez, etc. (1)

Voilà, — certes, — un grand pas de fait en faveur de la protection qui devait être accordée aux esclaves : mais à quels esclaves s'appliquaient ces lois?

Nous avons vu que les Hébreux pouvaient avoir des esclaves *étrangers* qu'ils possédaient à titre de propriété perpétuelle, comme les autres peuples, et des esclaves pris *parmi les Hébreux eux-mêmes* qui s'étaient vendus, parce qu'ils étaient pauvres : ces lois protectrices ne s'appliquaient-elles qu'aux esclaves *hébreux*? ou s'appliquaient-elles à tous les esclaves, *en général?*

D'abord, il paraît certain que les Hébreux appliquaient cette loi aux esclaves *étrangers*,

(1) Don Calmet, Comm. sur ces articles.

c'est-à-dire aux esclaves pris parmi les nations qui les entouraient, qui voyageaient parmi eux, ou parmi les enfants de ces étrangers qui étaient nés sur leur territoire (1).

S'ils les appliquaient aux esclaves *étrangers* ils devaient les appliquer, à bien plus forte raison, aux esclaves *hébreux*, que leur législation avait beaucoup plus favorisés : nous pourrions donc déjà conclure, que, sous ce premier point de vue, tous les esclaves, en général, étaient plus protégés par les lois des Hébreux que par les lois des autres peuples.

Mais nous allons, maintenant, démontrer que les Hébreux n'appliquaient ces lois qu'aux esclaves *étrangers*, et que toutes les mutilations commises sur des esclaves *hébreux*, par des maîtres *hébreux*, étaient punies comme celles qui étaient commises sur des hommes libres.

En effet, l'ancien Testament n'admettait, à proprement parler, l'esclavage chez les Hébreux que vis-à-vis des *étrangers* : les Hébreux, entr'eux, pouvaient se vendre, mais ils ne devenaient jamais *esclaves*, dans le sens qu'on attribuait à ce mot, chez les autres peuples, lorsque l'esclavage existait.

Les textes de Moyse ne permettent aucun doute

---

(1) Levit. 25. — Dom Calmet, Comm. sur l'Exode, ch. 21, 26. — Jonathan, Jerosolimit. Rabbini.

à cet égard : « Si, disent-ils, poussé par la pauvreté, ton frère se vend à toi, *tu ne l'opprimeras pas par la servitude des esclaves,* mais il sera comme un *colon* et un mercenaire, — qu'on ne le vende pas *pour la condition d'esclave !* » (1)

En présence de ces textes, il devenait impossible d'appliquer aux esclaves *hébreux*, attachés au service des Hébreux, les lois qui parlaient de l'*esclave* en général.

Nous avons déjà vu que le voleur qui volait un *esclave* hébreu, était condamné à mort comme s'il avait volé un homme *libre*, et que le maître, qui avait tué un esclave *hébreu*, était aussi condamné à mort comme s'il avait tué un homme *libre* (2).

Il fallait donc appliquer, quand il s'agissait d'une mutilation, les mêmes principes qui étaient appliqués en matière de vol et de meurtre, et décider que les mutilations commises sur des esclaves *hébreux* seraient punis des mêmes peines que les mutilations commises sur des hommes *libres*.

C'est, encore, ce qui avait lieu :

D'après tous les interprètes juifs précités, les mutilations commises par des maîtres hébreux

---

(1) Non opprimes eum servitute famulorum, ne opprimatis per potentiam. — Non veneant conditione servorum, etc. (Levit., XXV, 39, 42, 43, 46, etc.

(2) Droit payen et Droit chrétien, t. 1, p. 82 et t. 2, p. 161.

sur *leurs esclaves hébreux*, étaient punies de la peine du *talion* (1).

Occupons-nous, maintenant, d'un autre texte, non moins important pour les esclaves.

Nous avons vu que les législations payennes, en général, et notamment le Droit romain, — autorisaient les supplices les plus barbares contre les esclaves *fugitifs :* Voici quelle était sur ce point, la disposition du Droit hébraïque, d'après la Vulgate :

« Vous ne livrerez point à son maître l'esclave qui s'est refugié vers vous, mais il demeurera avec vous, *dans le lieu qui lui plaira*, et *il restera* en *repos dans une de vos villes :* ne le contristez point. » (2)

Quelle force dans ces expressions ! quelle humanité, et quelle générosité dans cette mesure !

Il semble que Moyse avait dit aux esclaves : la terre des Hébreux est la terre de la liberté ; elle sera, pour vous, comme un asile inviolable ; il vous suffira d'invoquer la protection des

(1) Et intelligitur ista lex de servo *gentili* et ancillâ, quia si mutilaret servum *hœbreum*, incurreret pœnam *talionis* : dicit autem Ra. Sa. quod ista sunt membra ex quorum mutilatione servus *gentilis* debebat exire liber : decem manuum, etc... Sic intelligendum quod uno pro dente, *vel digito*, exibat liber. (Lyran, V. 26, et *dom* Calmet sur ce V.)

(2) « In loco *qui ei placuerit*, et ina unâ urbium *requiescet* : ne contristes eum ! » Denter, XXIII, 15 et 16.

lois pour faire tomber vos chaînes; choisissez, dans toute l'étendue de notre territoire, la ville que vous aimerez le plus; vous y vivrez paisiblement du fruit de vos travaux, et personne, parmi nous, ne viendra vous y tourmenter et vous y affliger!...

C'est ainsi que tous les interprètes juifs avaient compris cette loi de Moyse (1).

Mais, — ici encore, — se représente la question que nous venons d'examiner : à quels esclaves fallait-il appliquer cette loi? La terre israëlite était-elle un asile inviolable non seulement pour les esclaves hébreux qui voulaient échapper au pouvoir des maîtres hébreux, mais encore pour les esclaves étrangers qui voulaient échapper au pouvoir des maîtres étrangers?

Pour résoudre cette question, il faut consulter, d'abord, la paraphrase chaldaïque qui se trouve dans la bible polyglotte, à côté du texte hébreu, et de la version grecque desseptante : cette paraphrase, écrite pour les peuples de l'Assyrie, de la Babylonie, de la Mésopotamie et de la Palestine, qui parlaient le *Chaldéen*, est d'une antiquité et d'une autorité qui mérite une grande confiance.

---

(1) Sic terra israelitica *asylum* fit : *ità hæbrei.* — Multum fovent Mosis leges libertati. (Grotius ad Deuteron.)

Voici la traduction littérale de cette paraphrase : « Vous ne livrerez pas l'esclave *des nations* à son maître, lorsqu'il aura échappé à ce maître pour se refugier vers vous : Il habitera avec vous, au milieu de vous, dans le lieu qu'il aura choisi, dans une de vos villes, où il lui conviendra ; vous ne le tromperez pas (1).

Le sens apparaît d'une manière très-claire, et pour le faire bien saisir, nous allons *poser une espèce :*

Un esclave appartenant à l'un des peuples qui se trouvaient en dehors des douze tribus d'Israël, parvient à briser ses fers : il échappe à la surveillance de ses gardiens, et arrive sur le sol de la Terre-Sainte ; son maître le poursuit, le découvre, l'atteint, et, après avoir établi sur lui ses droits de propriété, il reclame son extradition.

L'obtiendra-t-il, ? Non.

Cet esclave sera libre !

Cette explication de la paraphrase chaldaïque est admise par tous les commentateurs, et elle est très-juste : On n'avait pas besoin d'appliquer cette loi aux esclaves *hébreux,* car, quand ils appartenaient à des maîtres *hébreux,* ils devaient être traités comme des colons et des mercenaires, et étaient protégés par les lois

---

(1) . . . . . Ubi bénè sit ei : non decipias illum. (Paraph. chald.)

contre l'homicide et les mutilations, comme des hommes libres; et, quand ils appartenaient à des maîtres *étrangers*, ils pouvaient être rachetés, — malgré le maître, — par leur famille ou leurs amis (1).

Mais comment concilier la protection accordée à l'esclave avec le principe de justice qui défendait de dépouiller le maître?

Les interprètes avaient trouvé divers moyens très-simples pour respecter tout à la fois le principe posé par Moyse, et le principe qui veut que tout fait qui cause préjudice à autrui oblige celui par la faute duquel il arrive à le réparer.

Les uns pensaient qu'on devait rendre au maître étranger, *aux dépens du public, et par forme de dédommagement,* la valeur ordinaire d'un autre esclave; les autres pensaient qu'il fallait essayer de réconcilier l'esclave fugitif avec son maître, ou qu'à défaut, il serait permis de le vendre à un autre dans une des villes des Hébreux qu'il lui conviendrait d'indiquer, afin que le prix de cette vente servît à indemniser l'ancien propriétaire (2).

Ce qu'il y a de certain, c'est qu'avec cette loi et cette jurisprudence, l'esclave étranger n'avait plus à redouter les mutilations et les

(1) Dom Calmet, Comm. sur cet article. — Grotius, liv. 3, ch. 7, § 8, de jure belli et pacis.

(2) Dom Calmet, Comm. loc. cit.

mauvais traitements que le droit des autres peuples permettait de faire subir aux *esclaves fugitifs*.

Voici, maintenant, les divers textes de la loi de Moyse relatifs à la castration. Le premier se trouve dans le Lévitique, et est ainsi traduit très-fidèlement par la Vulgate :

« Vous n'offrirez au Seigneur nul animal auquel *ce qui a été destiné à la conservation de son espèce* aura été écrasé, froissé, coupé ou enlevé, *et vous ne ferez absolument rien de cela dans votre pays.* » (1)

On comprenait très-bien que Moyse avait défendu d'offrir, pour les sacrifices, des animaux *mutilés*, mais que fallait-il entendre par ces mots : « *Ne faites rien de semblable dans votre pays?* » Fallait-il entendre qu'il avait aussi défendu de commettre ces sortes de mutilations en général, d'une manière absolue, et *dans tous les cas?*

A cet égard, tous les docteurs juifs étaient encore unanimes.

Ils avaient compris que Moyse avait interdit, d'une manière absolue, *la castration* dans la

(1) Omne animal quod vel contritis, vel fusis, vel sectis ablatis que testiculis est, non offeretis domino, et in terrâ vestrâ hoc omnino ne faciatis. (Levit, XXII, 24.)

Contritum, et *confractum*, et *excissum* et *avulsum*, non offeretis domino. (Septante.)

terre des Hébreux : Ils appliquaient, en conséquence, cette loi non-seulement aux animaux domestiques, comme aux chevaux, aux taureaux, aux chiens, et même *aux coqs,* mais encore aux animaux dont ils s'emparaient, et qu'ils ne pouvaient pas apprivoiser ; ils l'appliquaient encore, et, à bien plus forte raison, aux hommes libres et aux esclaves (1).

Parmi les juifs dont le témoignage, sur ce point, est le plus ancien et le plus grave, nous devons mentionner celui de Josèphe : — l'importance même de cette question de droit et d'histoire que nous examinons, exige que nous donnions ici la traduction exacte de ce passage tout entier.

Voici les paroles de Josèphe :

« Que les eunuques *soient en horreur* et qu'on s'éloigne de la société de ces hommes auxquels on a enlevé la virilité, et la faculté d'engendrer accordée par Dieu aux hommes pour l'accroissement de notre espèce ; qu'ils soient repoussés comme des êtres qui ont détruit leurs enfants, ou comme ceux qui avant qu'ils aient existé ont détruit ce qui pouvait

---

(1) Ità scholæ Phari-æorum, ibidem commentatores solymitani, babyloniique, etc. — Neque exsecabitis illum animal, *sive commune*, *sive devotum*, ut docent Jonathan paraphrastes, et celebris antecessor Benzamas in chagigâ, et maïmonides. — *Gallis ideo parcit jus judaicum,* et mutilari unquam vigore eos vetat. (Notes de Havercamp sur Josèphe.)

leur donner l'existence : Il est clair, en effet, que puisque leur âme est efféminée, qu'ils sont changés dans leur propre corps, et qu'on ne peut voir en eux que des monstres, *il ne peut être permis de pratiquer la castration ni sur les hommes ni sur les autres animaux.* » (1)

Il ne faut pas perdre de vue que ce commentaire de la loi hébraïque a été écrit par un juif, *il y a dix-huit cents ans, environ :* en le rapprochant de tous les autres documents que nous avons indiqués, il doit paraître décisif.

Le Deutéronome contient une autre disposition qui justifie encore l'explication de Josèphe : nous allons essayer de la faire connaître, en produisant la traduction adoucie de Lemaistre de Sacy :

« L'eunuque, dans lequel ce que Dieu a destiné à la conservation de l'espèce aura été broyé, amputé ou retranché, en tout ou en partie, n'entrera pas dans l'assemblée du Seigneur. » (2)

Ce texte est évidemment conçu dans le même esprit que le précédent.

---

(1) Spadones abhorreantur, et fugiatur eorum congressio... — Neque *homines* castrare liceat *neque alia animalia.*)Josèph. C. App., liv. 4, ch. 8, § 40.)

Ne castretis *aut hominem, aut animal ullum* : *ità hœbrei.* (Grotius ad Levit.)

(2) Non intrabit eunuchus, *attritis vel amputatis testiculis, et abscisso veretro,* ecclesiam domini. (Denter. XXIII, 1.)

Le législateur avait dit qu'on ne pouvait pas *offrir au Seigneur* des animaux dont les organes sexuels auraient été écrasés, froissés, coupés ou enlevés, en tout ou en partie ; il ajoutait, par la même raison, que les hommes, qui auraient subi ces opérations, n'entreraient pas eux-mêmes *dans l'assemblée du Seigneur :* De cette manière, il confondait, dans la même exclusion, les hommes et les animaux qui avaient été mis dans cet état.

Mais que fallait-il entendre par ces mots « l'eunuque n'entrera pas dans l'assemblée du Seigneur : *in ecclesiam Domini?* » Etait-il seulement interdit aux eunuques d'entrer dans les synagogues, d'assister aux cérémonies religieuses dans le temple de Jérusalem, ou de prier, comme les autres israélites, dans le parvis du temple ?

D'après les explications des docteurs et des jurisconsultes juifs, ces mots voulaient dire que les eunuques qui avaient été mutilés à dessein, et volontairement, ne pourraient pas faire partie de la *société israélite*, ou, en d'autres termes, qu'ils n'auraient pas la jouissance des droits ou priviléges accordés par la loi à ceux qui faisaient partie de la nation israélite.

Ainsi, par exemple, ces eunuques ne pouvaient pas épouser une femme juive ; ils ne pouvaient pas exercer les charges de la magistrature, ou remplir d'autres fonctions de la vie civile : Dans tous ces cas et *autres semblables,* ils devaient être considérés comme des gentils ou des étrangers (1).

On comprend, en lisant cette disposition du droit hébraïque, pourquoi Josèphe s'est servi de ces expressions énergiques : « Que les eunuques *soient en horreur,* et qu'on s'éloigne de la société de ces hommes, etc. » Il a traduit fidèlement la pensée de la loi qui retranchait complètement ces hommes de la société des israélites.

Nous ne pouvons nous empêcher de nous arrêter un instant, ici, pour constater, d'une manière bien nette, la nouveauté des dispositions que nous venons de reproduire.

Nous le demandons à tous ceux qui se sont occupés de l'étude des anciennes législations : ont-ils jamais rencontré quelque chose de pareil dans les lois de Manou ou de Zoroastre, de Lycurgue ou de Solon, de Charondas ou de Zaleucus, de Romulus, de Numa, ou d'autres?

Nous le demandons à tous ceux qui ont étudié les ouvrages de philosophie des anciens :

---

(1) Est scilicet sit de populo sancto ; ut censeatur israëlita, et filius abrahæ ; ut habeat jus ducendi israëlitidem ; *ut Gaudeat juris hœbrœorum.* — Arcentur à *societate politicâ* judaorum, *ut non* habeantur cives, nec hebeant jus civicum apud judæos. » — Sit sumitur ecclesia pro *cœtu populi.* (Cornelius à lap. comm. in Denter ; — maxime biblia patrum, — Exode XII, 48.)

ont-ils trouvé de pareilles idées dans les écrivains de la Grèce ou de Rome, non-seulement du temps de Moyse, mais pendant les quinze siècles qui se sont écoulés depuis Moyse jusqu'à Jésus-Christ?

Qu'on veuille bien répondre d'une manière précise.

Quels sont les hommes qui ont interdit de mutiler les esclaves provenant des peuples étrangers, ou provenant même de leur propre race? En connaît-on qui aient recommandé d'accorder la liberté à tous les esclaves *fugitifs*, — alors même que ces esclaves appartiendraient à des nations étrangères? En existe-t-il qui aient tellement flétri l'usage de la castration sur les hommes, qu'ils aient interdit de commettre ces mutilations même sur leurs *animaux?*

C'est en vain qu'on voudrait échapper à ces questions. Pour rester dans la vérité, Il n'y a qu'une réponse à faire : c'est que ces hommes n'ont pas existé.

Ceux qui disent qu'il n'y a rien d'original et de nouveau dans l'œuvre indivisible de l'ancien et du nouveau Testament, et qui prétendent que Moyse et J.-C. se sont bornés à s'assimiler des principes antérieurement découverts par les progrès de la raison publique, ou déjà déposés en germe dans les ouvrages des payens, devraient commencer à se trouver un peu embarrassés : mais il nous semble que cet embarras devrait s'accroître encore lorsque nous citerons, maintenant, les textes qui ont interdit l'usage de la marque, et quelques autres coutumes superstitieuses ou barbares qui ne s'accordaient pas avec la dignité de l'homme, ou portaient atteinte à la vérité du type humain.

Voici le premier de ces textes :

— « Vous ne ferez point d'incisions dans votre chair, pour pleurer les morts, et vous ne vous ferez à vous-même *aucunes figures ou stigmates;* je suis le Seigneur! (1)

Nous devons dire, ici, que les versions du texte hébreu qui ont été faites, dans les anciennes langues, offrent entr'elles quelques différences, mais qu'au fond, elles sont unanimes pour le sens.

Parmi toutes ces versions, nous ne citerons que la version syriaque, qui nous a paru rendre d'une manière plus saisissante et plus heureuse, la pensée de l'hébreu : « vous ne ferez pas, dit-elle, sur vos corps, des incisions *pour un esprit quelconque*, ni *des écritures de points*. » (2)

---

(1) Super mortuo non incidetis carnem vestram, neque figuras aliquas aut stigmata facietis vobis : ego Dominus. (Levit. XIX, 28.)

(2) Incisiones *pro animâ aliquâ* nec faciatis, nec *scripturas punctorum*. (Vers. Syr.)

C'est très-exactement, du reste, le sens de notre Vulgate.

Tout le monde est encore du même avis sur le but de cette disposition : Le législateur des Hébreux a voulu interdire l'usage, — si répandu chez les payens, — de se déchirer les joues avec les ongles, de se labourer les chairs avec de petits couteaux, et de se contusionner en se frappant, pour honorer les morts, dans leurs funérailles ; il a également voulu interdire l'usage de se faire des marques, avec un fer chaud, sur le visage ou sur les autres parties du corps, ou, — comme le dit le texte hébraïque, — de se faire sur la peau *des écritures de points*, pour y graver des dessins ineffaçables, soit en l'honneur des princes ou des dieux, *soit pour tout autre cause* (1).

Il a attaché tant d'importance à cette interdiction qu'il a cru devoir la répéter, une seconde fois, dans le Deutéronome.

« Soyez, a-t-il dit, les enfants du Seigneur votre Dieu : *ne vous faites point d'incisions*, et ne vous rasez pas la tête ou les sourcils, pour pleurer les morts, parce que vous êtes un peuple saint, consacré au Seigneur votre

---

(1) Omnes versiones spectant ad superstitionem et barbaram quamdam crudelitatem quâ se ipsos Ethuïci, in funeribus suorum, cultris et gladiolis incidebant, nec non lacerabant, genas notabant, etc. (Maxim. biblia patrum.)

Dieu, et *qu'il vous a choisi parmi toutes les nations qui sont sur la terre, afin que vous fussiez particulièrement son peuple.* » (1)

L'expression : *non facietis calvitium,* qui se trouve dans la Vulgate, traduit exactement le sens de l'hébreu et s'applique, non-seulement à la tête, mais aux sourcils (2).

Nous ne ferons plus qu'une seule remarque : c'est que si le droit hébraïque avait si énergiquement interdit tous ces actes pour les cas qu'il indiquait, il avait entendu les interdire, a bien plus forte raison, dans tous les autres cas analogues où il s'agissait de prétextes moins sérieux : en un mot, l'interdiction était générale et absolue.

Les autres textes, qui vont nécessiter aussi quelques autres explications, se trouvent dans le Lévitique :

S'adressant, d'abord, à tous les Hébreux, le législateur a dit : « vous ne *couperez* pas vos cheveux en rond, et vous ne raserez pas votre barbe, » puis, s'adressant, spécialement, aux prêtres israélites, qui devaient encore plus

(1) . . . . . Non vos incidetis, nec faciatis *calvitium* super mortuo. (Deuter, XIV, 1.) Non incidemini, non imponetis calvitium in medio oculorum vestrorum super mortuo. (Septante, et vers chald.)

(2) Quædam extranearum gentium pilos capitis abradebant, et hos offerebant mortuis, alii pilos barbæ, alii *superciliorum; lex divina prohibuit ista fieri.* (Théodoret, quæst. in Deuter, cap. 14, interr. 13.)

rigoureusement que les autres, donner l'exemple de cette soumission à cette loi générale, il a dit : « Ils ne *raseront* pas leur tête ou leur barbe, et ils ne feront pas sur leurs chairs des incisions. » (1)

Comme on le voit, le précepte est aussi absolu que possible, et ne comporte, dans le droit hébraïque, aucune distinction : mais qu'entend-il, d'abord, par ces mots, « *vous ne couperez pas vos cheveux en rond?* »

Nous devons encore dire, ici, qu'une assez grande diversité s'est produite, sur ce point, dans les différentes versions du texte original.

Les septante, notamment, ont traduit de la manière suivante : « Vous ne ferez point de *sisoë* sur votre tête, et vous ne corromprez pas l'aspect de votre barbe. » La version chaldaïque dit : « Ils ne dépouilleront pas leurs têtes, et ne tondront pas la chevelure de leur barbe. » (2)

Mais, sans entrer dans ces détails, nous nous attachons à la version de la *Vulgate*, non-seulement parce qu'elle rend très-exactement l'idée

(1) Capita vestra nolite nudare, Levit, X, 6. — Neque in rotondum attondebitis comam, nec radetis barbam. Levit, XIX, 27. — Non radent caput nec barbam, neque in carnibus suis facient incisiones. (Levit, XXI, 6.)

(2) Non facietis sisoën ex comâ capitis, neque corrompetis aspectum barbæ. (Septante.) — Non depilabunt capita sua, et comam barbæ non tondebunt. (Vers chald.)

des textes, mais encore parce qu'elle est la version officielle de l'Eglise.

D'après l'opinion générale adoptée par les interprètes et résumée brièvement, les mots : « *vous ne couperez pas vos cheveux en rond,* » veulent dire : vous ne laisserez pas un bouquet de cheveux au sommet de la tête, ou à l'occiput, après avoir coupé le reste, comme le font encore aujourd'hui certains peuples de l'Orient, et notamment les Chinois et les Japonais (1).

Quant aux autres mots : « vous ne raserez pas votre *barbe,* » ils sont entendus en ce sens qu'il n'était pas défendu aux israélites de *couper* l'extrémité de leur barbe, mais seulement de la *raser jusqu'à la peau*, de manière qu'elle fût toujours visible sur le visage, et apparût aux regards comme le signe de la virilité (2).

Dans quel but ces dispositions avaient-elles été introduites dans l'ancien Testament? devaient-elles, logiquement et nécessairement, figurer dans ce système de législation? enfin, dans le

---

(1) Etiamnùm aliquæ gentes caput tondent, aut radunt, particulâ demtaxat intonsâ, vel in vertice, vel in concipite, exquâ circus capillorum existit : hic mos fuit vetustus, et à *Gentilibus*, ægyptiis præsertim usurpatus. (Max. bibl. patr. — Inenochius.)

(2) Quasi dicat : *tondere* permitto, *radere* usquè ad extreman cutem interdico ; ità præcepit deus, ut barba appareret, quæ est virilitas insigne. (Menochius.) — (Biblia masc. vers.)

cas où ces dispositions étaient violées quelle peine appliquait-on aux contrevenants?

On peut expliquer ces dispositions en disant qu'elles avaient pour but d'arracher les israélites au culte des faux-dieux, et aux pratiques de l'idolâtrie : Il est possible en effet, que ces considérations n'aient pas échappé au législateur qui s'efforçait de faire disparaître, dans l'esprit de ce peuple, les souvenirs du polythéisme, mais elles n'étaient pas, certainement, les seules qui l'avaient déterminé à prononcer ces interdictions.

Son but principal était de faire respecter, dans le corps de l'homme, *l'œuvre de Dieu,* dont il est l'image, et d'empêcher que, par une intervention indiscrète, on se permît de la corriger, de l'altérer dans sa forme essentielle, et de la déshonorer par des artifices qui la rendraient plus ou moins méconnaissable : nous verrons cette pensée s'accuser et s'affirmer de la manière la plus éclatante sous le christianisme, et nous citerons même les termes si remarquables des Pères de l'Eglise qui justifient cette explication.

A ce point de vue, il faut reconnaître que ces dispositions avaient encore une utilité réelle, et pouvaient exercer, dans la pratique, une influence salutaire sur les Hébreux, pour leur inspirer le sentiment de la dignité personnelle, et leur rappeler sans cesse, la présence de Dieu.

Nous concédons volontiers qu'un législateur, qui ne se place pas au point de vue de l'ancien Testament, ne peut pas penser à imposer de pareilles règles : que lui importent en effet, les actes qu'un homme peut commettre *sur lui-même*, du moment où ces actes ne causent aucun préjudice à la société ou à quelqu'un de ses membres ?

Il ne peut avoir aucun droit, ou même aucun prétexte, pour les interdire.

Mais quand un législateur reconnaît à l'homme une origine divine et *une ressemblance* avec son créateur, alors même que cette ressemblance est purement *spirituelle,* il est tenu de la faire respecter jusques dans les formes matérielles qui la représentent, de même que, — lorsqu'il s'agit de monuments publics, — il est tenu de protéger, contre les insultes ou les outrages, les simulacres qui rappellent les traits du souverain : en un mot, il manquerait aux règles les plus élémentaires de la logique, si, en même temps qu'il commande le respect de l'homme envers Dieu, il omettait de commander à l'homme le respect *envers lui-même.*

Sous l'empire de ces idées, les dispositions que nous venons de citer, loin d'être choquantes et discordantes, sont justes, raisonnables et même nécessaires ; dans un système de législation, qui repose sur les idées développées *dans la Genèse,* on s'étonnerait de ne pas les rencontrer, et l'on ne comprendrait pas comment toutes ces altérations et tous ces travestissements du corps humain, si contraires au caractère de simplicité et de majesté dont il doit rester empreint, ne seraient pas considérés comme des *impiétés punissables.*

On a pu remarquer, en lisant ces textes, que les peines qui devaient être appliquées aux contrevenants, n'étaient pas indiquées : On se tromperait, toutefois, si l'on pensait que ces peines ne consistaient que dans la réprobation de l'opinion publique, et dans la flétrissure morale qui s'attache toujours aux contempteurs des lois.

De pareilles peines n'auraient pas été, sans doute, dépourvues d'efficacité et de puissance sur des hommes religieux, comme les israélites, et qui poussaient jusqu'à la mort, l'attachement à leurs lois, mais à côté d'elles, il y avait encore des peines *corporelles :* En effet, les docteurs juifs avaient admis que toutes les transgressions auxquelles la loi n'attachait pas la peine de mort, devaient se châtier par le fouet (1).

(1) Dom Calmet, Dissertat. sur les Suppl. chez les Hébreux.

On condamnait donc à la peine de la *flagellation*, tous les juifs qui, *restés soumis aux lois de Moyse,* se laissaient entraîner, par l'exemple des payens, ou par un zèle inconsidéré, à commettre sur eux-mêmes ou sur les autres les faits dont nous venons de parler.

Pour s'expliquer comment la peine de la flagellation avait été admise par l'ancien Testament, il faut ne pas perdre de vue une observation importante, c'est que depuis Adam jusqu'à Moyse, et même jusqu'à Jésus-Christ, les hommes n'avaient encore vécu, pour ainsi dire, que par *le corps*, et qu'ils ne pouvaient être punis ou corrigés que par des moyens *matériels :* les peines *spirituelles* ne faisaient pas encore assez d'impression sur eux, pour qu'un législateur pût songer à ne les gouverner dans tous les cas que par ces moyens (1).

Mais cette peine corporelle de la flagellation avait été transformée et adoucie au point qu'elle ne pouvait plus être ni dangereuse, ni même humiliante, pour les Israélites.

Voici d'abord le texte, d'après la Vulgate :

« Si les juges, dit-il, trouvent que celui qui aura fait la faute mérite d'être battu, ils le feront courber et frapper *devant eux :* le nom-

---

(1) Ab Adam usquè ad Moysen genus humanum vixit, ex corpore, id est secundum carnem, etc. (St.-August. in Psalm. 6.)

bre des coups sera réglé suivant la gravité de la faute, en sorte néanmoins qu'il ne dépassera pas celui de *quarante, de peur que votre frère ne s'en aille, sous vos yeux, misérablement lacéré.* » (1)

Ce texte nécessite plusieurs éclaircissements.

Chez les Hébreux, contrairement à ce qui se pratiquait partout ailleurs, la flagellation devait être appliquée *sous les yeux mêmes des juges*, afin qu'il fût possible, au besoin, de modérer le zèle inintelligent ou excessif des exécuteurs ; un des juges ordonnait de frapper; un autre juge comptait les coups ; enfin, le troisième juge lisait les paroles de la loi (2).

Le texte dit que le nombre des coups devait être réglé *suivant la gravité de sa faute*, de manière à ne jamais dépasser le nombre de quarante. Ainsi, en admettant qu'un israélite eût été condamné à subir *quarante coups* de fouet, si l'état de ses forces ne lui permettait pas de les supporter sans danger, les juges intervenaient : ils lui faisaient grâce des coups

(1) . . . . . Ità duataxat ut quadrageniarum numerum non excedant, nè fædè laceratus autè oculos tuos abeat frater inus. (Vulg.)

(2) Judicum unus minas legis recitabat, alter numerabat plagas : tertius lictorem ferire jubebat. (Grotius, in Deuter, 23, 3.)

qui restaient à lui appliquer, et ordonnaient qu'il serait remis de suite en liberté (1).

Nous venons de dire, d'après la Vulgate, qu'il n'était, en aucun cas, permis de dépasser le nombre de *quarante* coups : mais, d'après la version des septante, le texte de la loi devait être entendu en ce sens qu'il ne fallait jamais aller jusqu'au quarantième coup, *inclusivement*, ou, en d'autres termes, qu'il fallait s'arrêter au *trente-neuvième*.

« Ils le flagelleront en comptant les coups, disaient les septante, *et ils n'ajouteront pas le quarantième*. La Mischna avait adopté la même interprétation, et nous pouvons assurer que cette interprétation est exacte, puisque nous voyons St. Paul écrire lui-même aux Corinthiens : « J'ai reçu cinq fois, par les juifs, quarante coups *moins un*. » (2)

La jurisprudence qui s'était engagée dans la voie de ces interprétations favorables, avait déterminé la longueur du manche du fouet, la nature des ligaments dont il devait être composé, la posture du patient et du licteur, et les paro-

(1) Si XL ferre posse æstimatus sit, et, parte toleratâ, videatur reliquias sustinere non posse, dimittitur. Prius considerandæ sunt illius vires, ne moriatur istis flagellationibus. Mischna, de Pænis, lib. 4, p. 238.

(2) Numero flagellabunt eum et quadraginta non addent (Septante), quot verberibus afficitur sons? 40, — Uno minùs. (Mischna, de Pænis.) — Quadraginta, *uno minùs*. (2 Cor. XI, 24.)

les qui devaient être prononcées, durant l'exécution.

Le manche du fouet ne devait avoir que la longueur d'une palme; le ligament devait être *un cuir de jeune bœuf*, plié en quatre; le patient devait avoir les mains attachées à une colonne, de manière à présenter le corps incliné; le licteur devait être debout, sur une pierre placée au pied de cette colonne; enfin l'un des juges devait lire ces paroles du Deutéronome : « Si vous ne gardez, et si vous n'accomplissez les paroles de cette loi qui sont écrites dans ce livre, et si vous ne craignez son nom glorieux et terrible, *c'est-à-dire le Seigneur votre Dieu*, le Seigneur augmentera de plus en plus vos plaies, etc. » (1)

Pourquoi le législateur avait-il choisi le fouet, et non le bâton? Pourquoi frappait-on le coupable avec du cuir de jeune bœuf, et non pas avec une corde?

C'est, disaient les docteurs, parce qu'en violant la loi de Dieu, il s'est conduit comme *les animaux* : Il devait donc, ajoutaient-ils, être frappé avec le cuir des *animaux*, pour lui rappeler qu'il s'était dégradé (2).

---

(1) Mischna, loc. cit. Deuter XXVII, 58, 59, 60 et suiv.

(2) Hæc ex corio bibulo fiunt; nam, quia opera *bestialia* peregit, idcirco *bestiarum* corio plectendus est. (Mischna, de Pænis.)

Mais ce qui paraît encore plus digne de méditation, c'est la dernière partie de ce texte, où il est dit : « de peur que *votre frère* ne s'en aille ignominieusement lacéré ! » Nous y voyons la preuve que, chez les Hébreux, les coupables ne cessaient pas d'être considérés comme *des frères*, et qu'à leurs yeux ils méritaient encore plus la compassion que la dureté.

Ainsi, pratiquée sous les yeux des juges, mesurée à la gravité de la faute, proportionnée aux forces du coupable, accompagnée de cette lecture morale et religieuse, et formulée dans ces termes, la flagellation n'était plus brutale et dégradante, comme la bastonnade, la fustigation ou la flagellation chez les payens, et elle pouvait encore se concilier avec l'idée de l'origine et de la dignité de l'homme (1).

Nous n'avons encore rien dit de la manière dont les pères et mères, chez les Hébreux, devaient traiter leurs enfants : il est temps d'en parler.

D'abord, il est certain qu'ils n'avaient pas le droit de les mutiler ou de les stigmatiser, comme il était permis de le faire chez les autres peuples : En effet, nous avons vu que les maîtres n'avaient pas le droit de mutiler ou de stigmatiser leurs *esclaves* hébreux ; à plus forte raison,

---

(1) Castigatio hæc erat paterna, et nullam infamiam infligens. (Grotius, in Deuter.)

ne pouvaient-ils avoir ce droit sur leurs *enfants*, quand ils étaient libres.

L'auteur juif Philon, après avoir constaté comme Josèphe qu'on ne rencontrait pas, chez les autres peuples, les mêmes coutumes que chez les israélites, cite quelques-unes de ces coutumes, et s'exprime ainsi : « Que les femmes, dit-il, obéissent, en toutes choses, à leurs maris, mais autant que la raison de l'obéissance l'exige, et *qu'elles ne subissent aucune violence;* que les parents commandent à leurs enfants, mais qu'ils usent de leur droit en consultant, avec le plus grand soin, les intérêts de leur salut. » (1)

Faut-il entendre ce passage en ce sens qu'il était défendu, chez les juifs, aux pères et mères, de frapper leurs femmes, à titre de correction domestique ?

Nous sommes loin de soutenir cette opinion.

Nous trouvons, en effet, dans les proverbes de Salomon et dans l'Ecclésiastique, plusieurs textes qui prouvent que, dans la société juive, on recommandait aux parents de corriger leurs

---

(1) Uxores viris, — *non ullam ad contumeliam...* obtemperanto. Parentes in liberos imperium habento, — quo tamen, ad eorum salutem, præcipuâ curâ studioque consulendum, utuntur. (Fragm. cité par Eusèbe, prép. Evang., t.   , ch. 7.)

enfants, et même de les corriger avec *les verges* et *avec les fouets* (1).

Bien qu'il n'existe aucun texte spécial qui accorde les mêmes pouvoirs aux maris sur leurs femmes, nous n'allons pas jusqu'à prétendre qu'ils auraient été légalement punissables s'ils les avaient *frappées*.

Mais ce qu'il y a de certain, c'est que s'il était permis aussi de les frapper, *les coups* devaient leur être portés, sous l'empire du droit hébraïque, dans des conditions beaucoup plus humaines et plus réservées que sous l'empire du droit payen : La modération de la loi quand on frappait les coupables, devait nécessairement servir de règle, dans les familles, quand on corrigeait les esclaves, les femmes et les enfants.

Il est presque superflu d'ajouter qu'à côté de la flagellation, on trouve encore dans la loi de Moyse, la *circoncision*.

Imposée à Abraham, et à tous les héritiers directs du pacte d'alliance qu'il avait contracté avec Dieu, d'après le récit de la Génèse, la circoncision ne pouvait être supprimée chez les israélites, sans supprimer en même temps leur histoire, et mettre obstacle à la mission providentielle dont ils avaient été chargés.

(1) Prov. XIII, 24. XXIII, 13. XXXIX, 15. Ecclés., XXX, 1.

Pour conserver aux israélites le signe qui devait les faire reconnaître entre tous les peuples, la loi avait donc décidé qu'un esclave qui aurait été acheté, c'est-à-dire même un esclave issu d'une nation étrangère, ne pourrait manger la Pâque, qu'à la condition d'être *circoncis*, et que le petit enfant mâle serait circoncis, le *huitième jour* (1).

L'assertion de Flavius Josèphe reçoit donc une éclatante confirmation : Les lois de Moyse ne s'accordaient, sous tous ces rapports, ni avec les lois des Grecs, ni avec les lois des Romains, ni avec les lois des Egyptiens et des autres peuples.

Il faudrait être souverainement injuste pour soutenir que, — sur tous ces points, — les lois hébraïques n'étaient pas supérieures aux lois payennes.

Nous n'ajouterons rien de plus, quant à présent, et nous arriverons, de suite au droit chrétien.

---

(1) Omnis servus *emptitius circumcidetur*. (Exode, XII, 44.) *Ex die octavo*, circumcidetur *infantulus*. (Levit, XII, 3.)

SECTION TROISIEME.

DROIT CHRÉTIEN.

CHAPITRE Ier

Exposé préliminaire.

Quand il eût été démontré, par une expérience de quinze siècles, que la législation de Moyse était une législation essentiellement *pratique,* capable de former des hommes d'une supériorité de mœurs incontestable, et dignes, sous plusieurs rapports, de servir de modèle aux autres peuples, les temps arrivèrent où il parut possible de demander aux hommes un nouvel et plus grand effort, pour les conduire au terme de la civilisation qu'ils peuvent atteindre sur la terre (1).

Pour les conduire à ce terme, que fallait-il faire?

Il fallait maintenir, dans toute leur intégrité, les dispositions de la loi de Moyse qui pouvaient être déjà considérées comme définitives et *accomplies*, parce qu'elles étaient en harmonie avec le principe que l'homme est fait à la ressemblance de Dieu, — *et accomplir*, c'est-à-dire achever de mettre en harmonie avec le même principe, les autres dispositions de cette loi qui n'étaient pas encore marquées du sceau de la même perfection.

Cette double tâche a été remplie.

D'abord, et avant tout, Jésus-Christ a déclaré qu'il n'était pas venu *abolir* la loi, de sorte qu'il est possible d'affirmer que la loi de Moyse *subsiste* encore dans toutes les dispositions *qui n'ont pas été abrogées* d'une manière *expresse ou tacite*, par le nouveau Testament (2).

Ensuite, il a déclaré qu'il était venu *accomplir* la loi.

Pour accomplir la loi, il a fait comprendre que, puisque les hommes étaient faits à la *res-*

---

(1) St.-Paul, Ep. au Galates, ch. IV, 1 et suiv.

(2) Apparet igitur quomodo Christus id quod in lege erat *præcipuum* et *immutabile* non modo everterit, sed stabiliverit atque confirmaverit. (Grotius in Math. V, 17.)

semblance de Dieu, ils devaient lui *ressembler*, en effet, par son amour envers eux, par sa patience à supporter leurs fautes, par sa persistance à leur rendre le bien pour le mal; et, après avoir formulé, dans des textes très-précis, les devoirs nouveaux qui découlaient de ces principes, il est arrivé à cette conclusion, rapportée par St. Mathieu : « Soyez donc *parfaits*, comme votre Père qui est dans les cieux est parfait. »

St. Luc a rapporté ces paroles de la manière suivante : « Soyez donc *miséricordieux*, comme votre Père aussi est *miséricordieux*, » mais c'est toujours le même sens, car être miséricordieux comme Dieu, c'est être *parfait* (1).

Cette conclusion était inévitable.

Du moment, en effet, où Jésus-Christ voulait que sa loi fût applicable à tous les hommes et durât autant que l'humanité elle-même, il fallait qu'elle atteignît la *perfection* définitive, afin qu'elle fût toujours jeune, toujours vraie, toujours féconde, comme au jour même de sa promulgation : or, elle n'aurait pas eu ces caractères, si, dans les cours des siècles, et sur un point quelconque du globe, le génie de l'homme pouvait la dépasser.

Mais peut-on exiger que des hommes, qui

---

(1) Estote ergo vos *perfecti*. (St.-Math. V, 48. Estote ergo misericordes... (St.-Luc VI, 36.)

sont composés d'un corps et d'un esprit, reproduisent, sur la terre, la *perfection* de Dieu, qui est un pur esprit? Peut-on imposer à des hommes une législation *parfaite?* En un mot, est-il possible qu'une pareille législation soit *pratique?*

Ces questions sont d'une importance capitale, car s'il était démontré qu'elles doivent être résolues négativement, on pourrait dire que la loi nouvelle de Jésus-Christ, ajoutée à l'ancienne, est un idéal sublime qui peut être poursuivi dans la vie religieuse ou contemplative, mais qu'il n'est pas fait pour les hommes qui vivent dans les conditions de la vie commune, et ne peut servir de guide dans le domaine du *droit positif.*

Hâtons-nous de le dire, cette objection n'est pas fondée.

D'abord, on voudra bien concéder que lorsque Jésus-Christ employait cette formule si claire et si impérative, *il savait ce qu'il disait :* Il n'aurait pas prescrit aux hommes d'être parfaits, — dans les limites qu'il traçait, — s'il n'avait pas été convaincu qu'ils pouvaient arriver à cette *perfection* (1).

(1) Et proeceptum est apostolis : Estote *perfecti.* Nunquam hoc autem apostolis imperaret, nisi sciret hominem posse esse perfectum. (St.-Jérom, lib. quast. Algasiæ, § 7.)

Mais, pour montrer aux hommes qu'il leur était, en effet, possible de faire ce qu'il disait, il le faisait. Il pratiquait, sous leurs yeux, tous les devoirs nouveaux qu'il leur imposait, et, après leur avoir enseigné la théorie par la pratique, il ajoutait : « Le disciple n'est pas au-dessus du maître, mais tout disciple sera parfait, *s'il est comme son maître.* » (1)

La question de savoir si les hommes peuvent être *parfaits,* se réduit donc à celle de savoir s'ils peuvent se conduire, envers leurs semblables, comme Jésus-Christ s'est conduit envers eux; mais, sur ce point, nous avons non-seulement les affirmations les plus réitérées des apôtres et leurs propres exemples, mais *l'expérience d'une multitude d'hommes,* pendant dix-huit siècles.

Dans tous leurs écrits, les apôtres ont reproduit ces paroles du divin Maître : Soyez *parfaits,* — (estote *perfecti!*) et ils ont répété, sans cesse, qu'il fallait agir comme Jésus-Christ avait agi.

Enfin, après avoir joint eux-mêmes l'exemple

---

(1) Non est discipulus super magistrum : *perfectus* autem omnis erit, si sit sicut magister ejus. (Luc. VI, 40.) — Se exemplar exhibuit omnis virtutis, ut *qui sequi voluerint*, habeant divinæ veluti viæ exemplar. (St.-Athan., Disp. cont. Arr., § 18.)

au précepte, ils ont dit : « *Soyez nos imitateurs, comme nous le sommes de Jésus-Christ* (1).

Depuis les apôtres, le monde a vu des multitudes d'hommes *pratiquer,* à leur tour, tous les devoirs les plus difficiles du christianisme, et prouver, *par des faits,* que ces devoirs ne sont pas au-dessus des forces humaines.

C'est qu'en effet, il n'en est pas de la pratique de ces devoirs, comme de la pratique de tous les arts en général, où tout le monde ne peut pas arriver au succès et à la perfection : dans l'ordre moral, au contraire, chacun possède, également, la puissance de faire le bien comme de s'abstenir du mal, et, c'est dans ce cas, surtout, qu'il est vrai de dire que *vouloir,* c'est *pouvoir* (2).

Il résulte de ce qui précède deux vérités, qui sont à la portée de tout le monde, et qu'il importe de noter :

La première, c'est que la loi de Jésus-Christ est, par excellence, la loi de *perfection,* et que, si, pour l'approprier aux circonstances passagères d'une époque, on l'interprétait dans un sens contraire à la *perfection*, on l'interpréte-

---

(1) Estote perfecti. (I. Cor. XIV. 20.) — Ut exhibeamus hominem *perfectum* in Christo Jesu. (Coloss. 1, 28, IV, 12.) — Ephès. V, 1. Jacq. 1, 4, III, 2. — Jean 1-7, III, 3. — Pierre 1, 15. — *Imitatores dei estote, sicut et ego christi.* (Cor. II, 1.)

(2) Ac ne mireris posse hominem esse imitatorem dei : *Potest, eo volente.* (St. Justin, Epit. à Diogn., § 10.)

rait, ainsi, contre la volonté clairement exprimée de son auteur.

La seconde, c'est que la loi de Jésus-Christ, est une loi essentiellement *pratique,* comme la loi de Moyse, et que si l'ignorance, ou l'empire de la tradition, ou la grossièreté des mœurs n'ont pas permis de l'appliquer encore, — dans toutes ses parties, — elle n'en est pas moins destinée à pénétrer graduellement toute entière dans le *droit positif*, jusqu'à l'accomplissement de cette parole : « *Que votre volonté soit faite sur la terre comme au ciel.* » (1)

Maintenant, nous pouvons apporter, dans les démonstrations qui nous restent à faire, la précision de raisonnement qu'on met dans une question de mathématiques.

Nous allons prouver que Jésus-Christ et ses apôtres ont *maintenu* les dispositions de la loi de Moyse qui avaient interdit la mutilation, dans la famille, la castration, les stigmates, les incisions pour pleurer les morts, ainsi que les défigurations en général; enfin, nous allons prouver que, — dépassant, en cela, la loi de Moyse, — ils ont aussi formellement interdit *la circoncision, la flagellation* et les coups.

---

(1) Donec ponat in terrâ judicium, et *impleatur* illud quod scriptum est « fiat voluntas tua *in terrâ...* » (St. Jérom. Lib. quæst. Alg. quæst. 2. — Voy. encore Origène contre Celse, liv., § 72.

CHAPITRE II.

De l'abolition du droit de mutilation, en général.

Les lois de l'ancien Testament qui avaient interdit la mutilation sur les esclaves et ordonné de laisser les esclaves *fugitifs* en liberté, étaient-elles parfaites et définitives, comme les lois qui avaient interdit la mutilation sur les hommes libres et sur soi-même ? — Telles sont les premières questions que nous avons à résoudre.

Ces questions ne présentent aucune difficulté sérieuse.

Il est clair que toutes les lois de l'ancien Testament qui avaient pour but de protéger les *esclaves* ne pouvaient être que temporaires, et étaient destinées à disparaître aussitôt que les peuples auraient compris et appliqué les principes du nouveau Testament sur l'unité et l'égalité de la grande famille humaine : elles ne pouvaient pas avoir de raison d'être après l'abolition de l'esclavage.

Mais il n'est pas moins clair que les dispositions de l'ancien Testament qui avaient interdit la mutilation sur les hommes libres et sur soi-même étaient trop bien appropriées aux nécessités de conservation du genre humain, trop conformes au principe éternel qui oblige à respecter, dans l'homme, l'image de Dieu, pour cesser jamais d'être vraies : tant que l'humanité existera, de pareilles lois auront le caractère d'utilité, d'actualité et de *perfection*, qu'elles avaient au jour où Moyse les inscrivit dans le Pentateuque.

Elles ne pouvaient donc pas être abolies par Jésus-Christ ou ses apôtres.

Pour les esprits qui se contentent de la logique, ces propositions doivent paraître des vérités d'*évidence*, — c'est-à-dire qui n'ont pas besoin de démonstration : mais pour ceux qui redoutent les surprises du raisonnement, et ne s'avouent vaincus que devant les faits, il faut autre chose pour les convaincre.

Nous pouvons leur produire un document décisif, duquel il résulte que non-seulement ces dernières dispositions de l'ancien Testament n'ont pas été abolies, mais que les apôtres, — en visitant les peuples payens, — ont déclaré formellement eux-mêmes, que la mutilation des membres et la castration, même volontaire, sur les hommes et sur les femmes, devaient être interdites.

On sait que lorsque les apôtres avaient fondé une église, ils déléguaient leurs pouvoirs à des évêques (επισχοποί) chargés d'enseigner et de gouverner à leur place, et auxquels ils transmettaient des instructions verbales destinées à faciliter l'intelligence des écritures, et l'application des nouveaux principes.

Ces instructions verbales confiées, d'abord, à la mémoire des fidèles, et recueillies, ensuite, par écrit, — les uns disent par St.-Clément, successeur de St. Pierre, les autres disent par des évêques postérieurs à St. Clément, mais contemporains des premiers temps de la prédication des apôtres, — nous sont parvenues sous le nom *de Canons apostoliques, Canons ecclésiastiques, ou Canons des apôtres.*

Les articles 20, 22 et 23 de ces canons sont ainsi conçus :

Art. 20. L'eunuque, s'il a été rendu tel par la violence des hommes, ou s'il a été privé, dans la persécution, des attributs de la virilité, ou s'il est né ainsi, est digne d'être institué évêque : qu'il soit institué !

Art. 22. Que celui qui *s'est mutilé lui-même*, ne soit pas clerc : en effet, *il est homicide de lui-même, et ennemi de l'œuvre de Dieu.*

Art. 23. Si quelqu'un, alors qu'il était clerc, s'est mutilé lui-même, qu'il soit déposé : car, il *est homicide de lui-même* (1).

Interdire de *se mutiler soi-même*, c'est, — à plus forte raison, — interdire de mutiler les autres, même avec leur consentement : Ces textes sont donc, manifestement, la tradition et *la confirmation* des principes de la loi hébraïque, en matière de mutilation, et ils ont, surtout, l'avantage de mettre très-nettement en lumière les véritables motifs qui les avaient fait introduire dans le code de Moyse.

Après avoir dit que ce qui devait entraîner la privation des fonctions sacerdotales, ce n'était pas l'imperfection physique, — naturelle ou accidentelle, — dont nous nous occupons, mais l'acte *volontaire* qui l'avait produite, les apôtres avaient bien soin d'ajouter que la mutilation devait être interdite parce que celui qui se mutile « est *homicide de lui-même*, et *ennemi de l'œuvre de Dieu.* »

En effet, la mutilation volontaire des parties sexuelles de l'homme est un véritable *homicide*, parce que c'est la destruction de ce qui constitue la puissance et le caractère propre de l'homme : c'est, dans tous les cas, un acte

---

(1) Art. 22. . . . . Qui se ipsum mutilavit, ne sit clericus : est enim *sui homicida*, et *dei opificii hostis*, etc.

d'inimitié envers Dieu, parce qu'il ne peut être permis, sans l'outrager, *de modifier, d'altérer ou de retoucher son œuvre* (1).

Ce principe, clairement exprimé par les apôtres, a été compris et développé par tous les Pères de l'Eglise, et nous verrons, plus loin, les applications qu'ils en ont faites, quand nous parlerons de l'abolition du droit de marque ou des stigmates.

Il est à remarquer que le mot grec : αχρῶθηριασας, — que nous traduisons par mutiler, — ne signifie pas seulement *pratiquer la castration,* mais encore amputer un des membres quelconques du corps humain, de sorte que la pensée des apôtres était bien d'interdire toute espèce de mutilation quelconque sur l'homme (2).

Du reste, il est reconnu et admis, par tous les historiens, que *les cinquante premiers articles des Canons des apôtres,* — parmi lesquels figurent ceux que nous venons de citer, — ont toujours été reçus comme *authentiques* dans l'église grecque et dans l'église latine : Sur ce point, il n'y a pas de discussion possible (3).

Il semble qu'en présence des dispositions

---

(1) Decet integrum divini operis servare manus. (St. Ambr. de viduis, liv. 1, ch. 13.)

(2) Extremitates corporis amputare. Hominem mutilare aliquà corporis parte. (Thesaur. Græc. Ling.)

(3) Horum 50 priores velut authentici recipiuntur. (Concil. omn. collect. Regia, par Gentianus.)

si claires de l'ancien Testament et des Canons des apôtres, toutes les intelligences devaient être d'accord pour reconnaître, notamment, que la *castration sur soi-même* devait être interdite : Il n'en fut point ainsi, cependant.

C'est qu'en effet, il ne suffit pas de donner aux hommes des lois *parfaites*, il faut encore trouver des hommes assez éclairés pour les comprendre, et assez énergiques pour les exécuter : malheureusement, les chrétiens, — même les plus recommandables, — ne savent pas toujours tout ce qu'ils pourraient ou devraient savoir, et ne sont pas, plus que les autres hommes, exempts de défaillances et d'erreurs.

Il arriva donc que, dans les premiers temps du christianisme, des chrétiens très-zélés et très-sincères, mais qui, — comme le disait St. Paul aux juifs, — n'avaient pas du zèle *selon la science*, crurent qu'il était permis de se mutiler, pour éviter l'occasion de succomber à la sensualité : « Il vaut encore mieux, disaient-ils, vivre mutilé de quelque partie, et vivre chastement, que de conserver cette partie, et de vivre dans le désordre et l'intempérance. » (1)

---

(1) Satius enim est parte mutilum castè vivere, quam eâ præditum, — perditè, etc. (Origènes, comm. in Math.)

Mais cette doctrine fut combattue avec énergie par les Pères de l'Eglise, et elle finit par succomber.

Il nous est impossible de dérouler, ici, tous les arguments qu'ils employèrent, avec une irrésistible puissance de raisonnement, pour faire prévaloir les textes du Pentateuque et des Canons apostoliques, et nous devons nous résigner à les indiquer dans quelques notes sommaires, mais nous emprunterons à St. Jean-Chrysostôme un passage qui peut les résumer tous :

« Où sont-ils donc, disait-il, ceux qui osent se mutiler eux-mêmes, qui attirent la malédiction sur eux, *qui calomnient l'œuvre du Créateur*, et qui adoptent les erreurs des Manichéens. Ceux-ci prétendent que le corps est notre ennemi, et composé d'une fange corrompue : et les autres, par leur conduite, donnent une raison d'être à ces tristes doctrines, puisqu'ils se privent de leur virilité, comme d'une chose ennemie et pernicieuse. D'après ce principe, il faudrait bien plus encore se priver de la vue, car c'est par elle que le désir pénètre dans l'âme; mais le vrai, le seul coupable, *c'est la volonté corrompue*, et non les yeux, ou quelqu'autre partie du corps. Si vous n'admettez pas cela, pourquoi votre langue, à cause de ses blasphèmes, vos mains qui vous servent à dérober, vos pieds qui vous portent au mal, en un mot, tout votre corps ne tomberait-il pas sous le fer? Eh bien! retranchons tout, et nos pieds, et nos mains, et nos narines, mais n'est-ce pas là le dernier degré de l'aberration? » (1)

Il reste donc bien clairement démontré que Jésus-Christ n'a pas aboli les lois de l'ancien Testament qui interdisent la mutilation sur *les hommes* et sur *les femmes,* et, notamment, la *castration sur soi-même,* et que ces lois, antérieures de plus de quinze cents ans au christianisme, ont été répandues chez les payens par les apôtres et leurs disciples (2).

Combien nous sommes déjà loin du droit payen!

---

(1) St. Chrysost. sur l'ép. aux gal., ch. V.

(2) Nemo igitur se debet abscindere, — ut pleriquè putant, sed magis vincere. (St. Ambr. de vid., liv. 1, ch. 13.) — Décrets d'Eutych. (Migne, t. 5, p. 162.) — St. Cyrille d'Alex. (*de ador. in spir. et verit.*, liv. 14, n° 483.) — Gennadii (de Eccles. dogm. Migne, t. 58, p. 997.) — Conciles d'Achaie, de Nicée et d'Arles, etc.

CHAPITRE III

De l'abolition de la circoncision.

Pour suivre la méthode que nous avons employée, nous avons à nous demander, maintenant, si la circoncision imposée par la loi de Moyse était une institution définitive, parfaite, de nature à être étendue à tous les hommes qui embrassaient le christianisme, appliquée dans tous les temps, ou si, — au contraire, — perdant, sous la loi nouvelle, son utilité et sa raison d'être, elle ne devait pas être abolie par Jésus-Christ.

Il est aisé de pressentir la réponse, mais ce qu'il n'est pas aussi facile de faire, c'est d'expliquer clairement et brièvement les controverses, les agitations, les luttes ardentes, qui furent soulevées, dans les premiers temps du christianisme, à l'occasion de cette question.

Ce fut dans la ville d'Antioche que cette difficulté prit naissance, environ seize ans seulement après Jésus-Christ : des juifs, récemment arrivés de Judée, et déjà convertis au christianisme, pensèrent que, — puisque le Messie n'avait été promis qu'aux juifs, — il fallait d'abord être juif, pour devenir chrétien, ou qu'en d'autres termes, il fallait d'abord se soumettre à la loi de la *circoncision,* qui était le premier acte d'initiation au judaïsme, pour entrer dans la grande famille chrétienne.

Ce raisonnement devait séduire les juifs, parce qu'ils étaient attachés à leurs lois jusqu'à l'acharnement et au fanatisme, et qu'ils comprenaient instinctivement que si l'on détruisait la *circoncision*, on détruirait, du même coup, une des principales bases de leurs institutions cérémonielles : Il devait également *séduire les gentils* parce qu'ils étaient éblouis par l'histoire et la réputation des Hébreux, et qu'ils pouvaient croire, en effet, qu'il n'était possible d'arriver au christianisme qu'en prenant, pour ainsi dire, le signe et la livrée du mosaïsme.

Aussi, produisit-il une impression profonde sur tous les esprits.

Deux hommes habiles et convaincus, — dont l'histoire a conservé les noms, — Chérintus et Philastrion, prêtèrent à ce raisonnement l'appui de leur autorité, et ne tardèrent pas à rallier les suffrages d'un grand nombre de disciples.

La situation était fort grave, et il aurait suffi d'un mot imprudent pour entraîner les conséquences les plus déplorables : Si l'on avait décidé, par exemple, que la circoncision serait *maintenue,* beaucoup de gentils auraient répugné à se faire circoncire, et à entrer, par cette porte, dans le sein du christianisme ; si l'on avait décidé, au contraire, qu'elle devait être *abolie,* on aurait fourni à beaucoup de juifs de nouveaux prétextes, pour attaquer le christianisme, et s'opposer à ses premiers développements.

Les peuples sont, quelquefois, de grands enfants qui s'éffraient plus des mots que des choses, et sur lesquels les habitudes ont plus d'empire que les bonnes raisons.

Il ne faut pas les tromper, même pour les guérir de leurs erreurs, parce qu'il n'est jamais *permis de faire injustement une chose juste,* mais il faut éviter, autant que possible, de rappeler *les mots* qui les froissent, s'attacher à les éclairer *par les faits,* et les habituer à pratiquer, insensiblement, les vertus qui les épouvantent.

Alors, ils sont tout étonnés eux-mêmes d'arriver à aimer ce qu'ils redoutaient, et à comprendre la sagesse de ceux qui les ont guidés par l'expérience, sans exercer de contrainte sur leurs volontés.

Les apôtres St. Paul et St. Barnabas, qui se trouvaient précisément à Antioche, au moment où ces questions brûlantes s'agitèrent, connaissaient trop bien l'esprit et les doctrines de Jésus-Christ pour ne pas deviner la solution qui devait prévaloir, mais ils se gardèrent bien de compromettre le succès de la grande œuvre qu'ils avaient entreprise par un langage inopportun et par des démarches précipitées.

Ils voulurent gagner du temps, afin de calmer les esprits, et ils firent décider qu'une députation, parmi laquelle ils figureraient, se rendrait à Jérusalem, pour consulter les anciens et les apôtres.

Dès qu'ils furent arrivés, les apôtres, et les anciens (*seniôres*), s'assemblèrent pour délibérer : après une discussion où St. Pierre et St. Jacques prirent la parole, ils arrêtèrent, d'abord, qu'on n'imposerait aux chrétiens d'autres charges que celles qui étaient *nécessaires*, savoir : « L'abstention des choses sacrifiées aux idoles, du sang, et de la formication, » et ils écrivirent aux fidèles d'Antioche une lettre par laquelle ils les informèrent de cette décision (1).

St. Paul raconte ensuite que, — pour se conformer à ce qui avait été décidé, — Titus, qui était *grec*, c'est-à-dire payen ou gentil, et qu'il

(1) Actes apost. — XV. 1 à 29.

avait conduit avec lui à Jérusalem, comme compagnon et auxiliaire de ses travaux apostoliques, ne *serait pas circoncis* (1).

Tel fut le premier concile, qui fut tenu à Jérusalem, l'an 51 de l'ère chrétienne, et qui se bornait à dire, avec une grande prudence, que la circoncision ne serait pas imposée aux *payens* pour devenir chrétiens : mais cette première difficulté se trouvant ainsi tranchée vis-à-vis des *gentils*, il restait toujours à savoir si les *juifs* qui voudraient devenir chrétiens eux-mêmes continueraient à se faire circoncire, et si l'on arriverait, ainsi, à constituer les chrétiens en deux camps : le camp des circoncis, et le camp des incirconcis.

La négative ne pouvait être douteuse : mais il fallait encore plus d'habileté et de prudence pour amener les juifs à déroger ouvertement sur ce point à la loi de Moyse.

D'abord, St. Paul commença, pour se faire accueillir avec plus de faveur par ses coreligionnaires, par circoncire Timothée, qui était fils d'une femme *juive* et d'un père grec ; et, après leur avoir fait cette concession, six ou sept ans environ, après le premier concile de Jérusalem, il fit connaître sa pensée, avec beaucoup de mesure, sur l'inutilité de la circoncision.

---

(1) Paul Galates, 2, et 1 à 5.

Nous ne pouvons pas reproduire ici son argumentation toute entière, mais nous devons citer au moins ces dernières paroles : « Celui-là, disait-il, n'est pas juif qui ne l'est qu'au dehors, et la circoncision n'est pas celle qui se fait *extérieurement dans la chair;* mais celui-là est juif qui l'est au dedans, et la circoncision est celle du cœur, qui se fait *selon l'esprit,* et non selon la lettre. » (1)

C'était, comme l'on voit, ruiner la circoncision en théorie, avant de l'abolir en fait, et préparer merveilleusement les esprits à cette abolition : Il n'y avait plus que le mot à prononcer, et on pressentait déjà qu'il ne pouvait plus tarder à l'être.

Il le fut, en effet, peu de temps après.

L'an 57 de l'ère chrétienne, — dans son épître aux Corinthiens, — il disait : « quelqu'un a-t-il été appelé à la foi étant circoncis, qu'il demeure circoncis (*non adducat præputium,* c'est-à-dire qu'il n'emploie aucun stratagème pour faire croire qu'il n'a pas été circoncis). Quelqu'un a-t-il été appelé étant incirconcis, qu'il ne se fasse pas circoncire. (**Non circumcidatur !**) La circoncision n'est rien, l'incirconcision, rien non plus, mais l'observation des commandements de Dieu est tout. » (1)

(1) Epître aux Romains, 2, 25 à 29.
(2) I Corinth. VII, 18, 19, 20.

Ici, l'interdiction devenait formelle et absolue. Entre la loi hébraïque qui disait : vous circoncirez tous les mâles, et la loi chrétienne qui disait : ne vous faites pas circoncire, la contrariété est complète. La loi chrétienne dérogeait donc manifestement à la loi hébraïque.

Enfin, quelques années plus tard, c'est-à-dire vers l'an 61 ou 62 de l'ère chrétienne, dans une épître qu'il adressait aux Galates, St. Paul ne craignait pas de dire, non-seulement que la circoncision était abolie, mais qu'elle était incompatible avec le christianisme : — « Moi, Paul, disait-il, je vous déclare que si vous vous faites circoncire, *Jésus-Christ, ne vous servira de rien* (1).

Les apôtres laissèrent donc s'écouler près de trente ans, après la Passion, et dix ans environ, à partir du premier concile de Jérusalem, avant de dire nettement aux juifs que Jésus-Christ avait aboli la circoncision et qu'elle devait être considérée, sous le christianisme, comme un acte illicite : grand enseignement, qui apprend comment on peut se rendre maître des esprits sans les irriter, et introduire des réformes sans amener des séditions !

Nous n'avons pas besoin d'insister pour dire que tous les interprètes et les glossateurs ont

(1) Si circumdamini, — *Christus vobis nihil proderit!* (Ecl. V. 2.)

reconnu que la circoncision avait été formellement interdite par le christianisme : nous nous bornerons à citer les lignes suivantes d'un des plus illustres d'entre eux :

« Jésus-Christ montre par là qu'il *faut abroger* la circoncision, mais il ne l'ordonne pas directement, parce que ce précepte était ancien et observé dans la religion, mais il le fait dire par ses disciples : c'était, en effet, une chose si grave que lorsque, — *après tant de temps*, — ses disciples voulurent l'abroger, ils commencèrent par l'employer, *et l'abrogèrent* ensuite. » (1)

Le christianisme a donc, — comme on le voit, — dépassé, sur ce point, la loi de Moyse : L'abolition de la circoncision, non-seulement chez les juifs, mais chez tous les autres peuples, est un progrès incontestable sur l'ancien droit.

(1) Indè commonstrat circonsionem abrogari oportere. (St. Justin cum Tryph., § 24.) — (St. Chrys. in Math. hom. 51, § 52.) — Origène C. Celse, liv. 5, § 33. — Maxim. Bibl. vers.)

CHAPITRE IV.

De l'abolition du droit de marque ou de stigmates.

Les jurisconsultes qui sont versés dans la science du droit romain ne trouvent aucune critique à élever contre la disposition de la loi des XII tables qui interdisait aux femmes *de se déchirer les joues,* dans les funérailles : Ils parlent même avec respect de la célèbre loi *Oppia,* — si vigoureusement soutenue par le consul M. Porcius Caton, — et par laquelle il était interdit aux dames romaines d'employer, dans leurs parures, *plus d'une demie once d'or*, de porter des vêtements de *pourpre,* ou de s'habiller avec des étoffes teintes de quelques autres couleurs précieuses (1).

Nous espérons que ces jurisconsultes voudront bien apporter le même esprit d'impar-

(1) Tite-Live, liv. 34, ch. 1.

tialité et de justice, pour juger les dispositions de la loi hébraïque qui avaient interdit aux Hébreux de se faire des stigmates, de s'inciser les chairs pour pleurer les morts, ou même de *se défigurer*.

Mais nous n'avons plus, maintenant, à justifier ou à défendre ces dispositions : nous n'avons qu'une chose à faire, c'est de les prendre comme elles sont, et de rechercher, *en droit,* si elles ont été *abolies* par le nouveau Testament, ou si, — au contraire, — elles n'ont pas été formellement *maintenues,* et même développées, par Jésus-Christ ou par ses apôtres.

A cet égard, il n'est personne qui puisse, ce nous semble, éprouver un doute.

Si tous ces actes étaient interdits, sous l'empire du droit hébraïque, ils doivent être encore bien plus interdits, sous l'empire du droit chrétien, puisque le droit chrétien est plus parfait que le droit hébraïque.

Toutes les considérations que nous avons déjà développées, dans la section précédente, pour démontrer que des créatures faites à l'image et à la ressemblance de Dieu ne devaient pas déshonorer cette image par des altérations puériles ou honteuses, se représentent, naturellement ici, — avec une nouvelle force, — et l'on chercherait en vain, — dans ces conditions, — pourquoi ce qui était considéré comme mauvais et illicite, chez les Hébreux, du temps de Moyse, serait considéré comme licite ou indifférent, chez les chrétiens, du temps de Jésus-Christ.

St. Paul a dit que le mur de séparation qui existait entre les juifs et les gentils a été abattu par le christianisme, et que, par suite, tous les peuples de la terre sont devenus les membres de la même famille, et les sujets du même législateur : il faut donc reconnaître que ces dispositions de l'ancien Testament sont devenues applicables à tous les hommes qui ont accepté le christianisme.

Nous trouvons, en effet, la confirmation de ces vérités dans les Canons des apôtres, dans leurs épîtres, et dans les écrits des Pères de l'Eglise.

Dans les Canons des apôtres, nous avons vu que celui qui se mutile est *l'ennemi de l'œuvre de Dieu*, parce qu'il ne peut pas être permis d'altérer ou de modifier le type primitif du corps humain, sans commettre un outrage envers le Créateur : n'est-ce pas dire, implicitement, que celui qui fait sur son corps des marques, des stigmates, des tatouages, ou qui détruit et supprime, — contrairement au vœu de la nature, — les éléments *essentiels* qui le constituent, se rend également *l'ennemi de l'œuvre de Dieu*, parce qu'il défigure son image?

Les principes consacrés par les Canons des apôtres, en matière de mutilation, doivent donc également être appliqués, dans les matières qui nous occupent.

Dans les épîtres de St. Pierre et St. Paul, nous trouvons des textes par lesquels ils recommandent aux chrétiens de ne pas s'affliger, pour pleurer les morts, comme ceux qui n'ont pas d'espérance, et défendent notamment aux femmes, « de *se friser les cheveux, de porter de l'or, des perles, et des habits somptueux* : » Toutes ces dispositions, qui sont encore aujourd'hui si mal comprises et si mal appliquées, ne sont que le *développement* des idées juives qui interdisent de défigurer l'image de Dieu (1).

Mais c'est surtout dans les écrits des Pères de l'Eglise que nous rencontrons, pour ainsi dire, à chaque page, la démonstration de la thèse que nous soutenons dans ce moment : Tous admettent, comme nous venons de le dire, que, sous le christianisme, comme sous l'ancien Testament, il est formellement interdit de commettre aucun de ces actes, et ils s'appuient sur la raison que l'homme, étant fait *à la ressemblance de Dieu,* ne doit pas défigurer son image.

(1) Non sit *extrinsecus capillatura,* aut circumdatio auri, aut indumenti vestimentorum cultus. (St.-Pierre, III, 3.) — Non in *tortis crinibus,* aut auro, aut margaritis, vel veste préciosà (St. Paul; 1 timth. 2, 9.) — I. Thess. IV, 12.

Il nous est impossible, — sans sortir des limites étroites dans lesquelles nous sommes obligés de nous restreindre, — de faire passer, sous les yeux des lecteurs, les traductions des passages de Tertullien, de St. Jérôme, de St. Chrysostôme, et de plusieurs autres qui ont écrit sur ce sujet : Nous citerons, seulement, quelques lignes de St. Cyprien.

« Il n'est permis, dit-il, en aucune manière, de déguiser et de modifier l'œuvre de Dieu, soit en employant des couleurs ou des poudres, ou d'autres artifices qui dénaturent les linéaments naturels de l'homme. Dieu dit : *faisons l'homme à notre image et à notre ressemblance ;* et quelqu'un osera changer et altérer ce que Dieu a fait? C'est sur Dieu qu'ils portent les mains, ceux qui s'efforcent de défigurer et de transformer ce qu'il a formé. Ils ignorent donc que ce qui est l'œuvre de Dieu, c'est ce qui est né, suivant sa volonté, et que c'est faire le mal que de le changer. Si un peintre avait reproduit le visage, la ressemblance, et la forme du corps d'un homme, et avait signé cette œuvre de son nom, et qu'après l'avoir ainsi terminée et signée, un autre, sous le prétexte d'être plus habile, viendrait la retoucher, ce peintre n'éprouverait-il pas une juste indignation, en présence d'un pareil outrage? Et toi, crois-tu donc qu'en faisant le même outrage à ton créateur, tu supporteras impunément les suites de cette témérité? Ne crains-tu pas, toi qui commets cette faute, que, lorsque le jour de la résurrection viendra, ton créateur ne te reconnaisse pas, et te dise : tu n'es pas mon œuvre, tu n'es pas mon image! » (1)

Nous ne voyons pas une seule contrée du monde où, dans l'état actuel des mœurs, il serait possible d'introduire, d'une manière absolue, ces principes de l'ancien et du nouveau Testament *dans les lois,* mais il serait, — croyons-nous, — téméraire de prétendre qu'ils resteront indéfiniment à l'état de lettre morte, et ne seront pas assez répandus, un jour, pour s'imposer et prévaloir.

Le philosophe Sénèque, en parlant de certains phénomènes astronomiques qui étaient encore inconnus aux générations de son temps, s'écriait : « Un temps viendra où nos descendants seront surpris que nous ayons ignoré des vérités si claires. » (2)

Tout ce que nous pouvons dire, pour parler avec mesure, c'est qu'il arrivera peut-être une époque où ceux qui nous succèderont, sur la

(1) Genas ruboris mendacio inficere, — mutare adulteribus crinem, — et expugnare oris et capitis veritatem, etc. (St. Cyprien, de hab. virgin.) — In nullo mutilari et debilitari posse beneficia divina. (St. Cypr., ép. 185.) Voy. encore son livre des Témoign. Lib. III, nos 83 et 84.

(2) Sénèque, Quest. natur., liv. 7, ch. 25.

terre, pourront s'étonner, à leur tour, que les chrétiens de notre temps n'admettaient pas encore toutes ces vérités (1).

(1) Tertullien, de l'ornement des femmes, § 10. — St. Jérôme, lettre à Lœta : cave ne aures ejus perfores. — Neque enim opus dei quodpiam imperfectum est, ut tuâ egeat correctione. (St. Chrys. Homél. 30 sur St. Mathieu.)

CHAPITRE V.

De l'abolition du droit de coups, en général.

Est-il possible d'admettre que les sociétés humaines arrivent à un tel degré de *perfection* que le droit de frapper les hommes, d'une *manière quelconque*, y soit interdit par les lois?

Si cette question, — qui aurait suffi, du temps de Jésus-Christ, pour faire accuser de démence celui qui l'aurait faite, — peut être résolue affirmativement, il faut déclarer, *à priori*, que le christianisme a interdit ce droit : car, s'il ne l'avait pas interdit, il arriverait une époque où les législations humaines seraient plus avancées que le christianisme, et où, par conséquent, ce dernier ne pourrait plus être considéré que comme une législation temporaire et imparfaite.

Un pareil résultat n'est pas possible.

Si *toutes* les vérités qu'il a proclamées n'ont pas pu recevoir, dans le passé, une application immédiate, et ne peuvent pas être encore appliquées, dans le temps présent, il ne faut pas, pour cela, soutenir qu'il les a méconnues, et ce serait, à notre sens, un mauvais moyen, pour assurer l'influence d'une législation qui doit être éternelle, que de la réduire et de la rapetisser aux proportions du temps où l'on vit.

Recherchons donc si, soit dans ses textes, soit dans son esprit, le christianisme a interdit le droit de frapper, qui avait été consacré par l'ancien Testament.

Si nous voulions nous borner à démontrer que l'emploi des coups, vis-à-vis des hommes, est absolument incompatible avec *l'esprit général* de la législation chrétienne, nous pourrions nous placer, déjà, sur un terrain où nous serions inexpugnables.

Nous pourrions dire :

S'il est vrai, comme St. Paul l'a déclaré, que les corps des hommes sont les membres même de Jésus-Christ, comment pourrait-on, — sous la loi de l'Evangile, — frapper, dans le corps de l'homme, le corps même de Jésus-Christ? S'il est vrai, comme St. Paul l'a dit encore, que le serviteur de Dieu doit toujours « *être doux* envers tout le monde, corriger, *avec douceur*, ceux qui résistent à la vérité, » ou, comme dit la version arabe, « corriger, **par la douceur,** ceux qui résistent, » comment pourrait-on corriger, par la douceur, en frappant? (1)

Mais ces arguments généraux, si graves qu'ils puissent être, ne seraient pas encore assez concluants pour vaincre toutes les résistances.

Hâtons-nous donc de le dire :

Nous pouvons produire, — encore ici, — des autorités *si décisives,* que ceux qui soutiennent, — après dix-huit siècles de christianisme, — que l'emploi des coups, à titre de correction ou de châtiment, est un moyen de gouvernement légitime dans l'état ou dans la famille, seront forcés d'avouer, — ou qu'ils ne sont *pas chrétiens*, ou qu'ils méconnaissent ou dénaturent les principes du christianisme.

La première de ces autorités se trouve dans l'article 23 des Canons des apôtres, qui est ainsi conçu :

« Nous ordonnons que l'évêque, le prêtre ou le diacre qui frappe les fidèles qui commettent une faute *ou les infidèles qui ont fait une injure,* et qui, par ce moyen, veulent *les contenir par la crainte*, soit déposé : *Jamais, en effet, le*

(1) Nescitis quoniam corpora vestra membra sunt Christi? (1 Cor. VII, 15, 19, 20. 2, Ep. à Timoth. II, 24, 25.)

Mansuetum esse ad omnes, — cum *modestiâ* corripientem eos qui resistunt veritati. — (Vulg.) — Resistentes erudiens *mansuetudine suâ* (Vers. arab.)

Seigneur ne nous a enseigné ces choses : Bien plus, au contraire, lorsque lui-même était frappé, il ne rendait pas *les coups;* lorsqu'il était poursuivi par des injures, il ne répondait pas par des injures; lorsqu'il subissait des injustices, il ne menaçait même pas! » (1)

Cet article est authentique : — Il n'est, du reste, que la traduction et le développement de ces paroles de St. Paul : « Il faut que l'évêque soit doux, *et qu'il ne frappe pas!* » (2)

Dira-t-on que cette interdiction du droit de frapper ne s'applique qu'aux évêques, aux prêtres, et aux diacres, et qu'elle ne s'étend pas aux laïques?

Cette objection ne serait pas sérieuse.

Nous pourrions dire que le devoir de corriger, **par la douceur,** et d'être miséricordieux comme celui qui ne frappait pas, même lorsqu'il était frappé, est imposé à tout le monde : mais nous ferons encore mieux, et nous invoquerons l'autorité de Tertullien :

---

(1) Episcopum, vel præsbyterum, vel diaconum qui *verberat* eos qui peccant, vel infideles qui injuriam fecerunt, et per hæc vult perterrefacere, deponi jubenus. dominus enim nos nequaquam hoc docuit : contrà autem, ipse *verberatus* non rèpercussit; maledictis appetitus, maledicta non retulit : patiens, non minatus est.

(2) Oportet ergo episcopum esse modestum, *non percussorem!* (1 Ep. ad Tim. III, 3.) — Neque cujus manus currat ad *percutiendum.* (Version syrienne.)

« L'évêque et le laïque, a-t-il dit, sortent également du peuple ; le laïque possède en lui le droit du sacerdoce, il est donc soumis à la loi du sacerdoce : si les laïques, du sein desquels on choisit les prêtres, ne se soumettent pas aux conditions du sacerdoce, comment pourra-t-on trouver des prêtres, quand on en aura besoin? Ce serait donc, ajoute-t-il, une grande folie de croire qu'*il soit permis aux laïques de faire ce qui est défendu aux prêtres.* » (1)

Les textes qui interdisent de frapper s'appliquent donc non-seulement aux évêques, aux diacres et aux prêtres, qui s'y trouvent nominativement désignés, mais encore à tous les laïques, ou à tous les chrétiens, sans exception.

Comment ne voit-on pas, s'écrient St. Augustin et St. Jérôme, que Dieu ayant créé l'homme raisonnable et l'ayant fait à son image, il n'a pas voulu qu'il *dominât* sur les *hommes*, mais sur les *bêtes,* et qu'ainsi l'homme doit échapper à cette *loi de terreur* qu'il ne lui avait accordée que sur les animaux ? (2).

Cet argument est très-juste.

On peut voir, en effet, dans l'ancien Testament, que si le droit de dominer, par la terreur,

---

(1) Tertull. Exhort. à la charité, § 7 et § 12. (Traduct. de l'abbé Genoude.)

(2) St. Augustin, cité de Dieu, l. XIX, ch. 15. — St. Jérôme, comm. 3, sur les Lament. de Jérémie.

sur les animaux, avait été accordé à l'homme, dès le commencement de la création, jamais un pareil droit ne lui avait été formellement accordé sur son semblable, et l'on comprend, dès lors, pourquoi la loi de Moyse n'avait accordé le droit de *frapper* l'homme, qu'en le restreignant, déjà, dans des bornes étroites et rigoureuses.

Mais, sous l'empire du nouveau Testament, ce droit de dominer par la terreur, c'est-à-dire par les coups, devait être interdit d'une manière bien plus rigoureuse encore, et, par conséquent, pour *accomplir* la loi, il fallait achever de le supprimer ou le faire disparaître : C'est pour cela que les apôtres ordonnaient que les évêques, les prêtres ou les diacres, qui frapperaient les fidèles ou même *les infidèles,* pour les contenir *par la crainte,* seraient déposés.

Non-seulement, disaient-ils, Jésus-Christ ne leur avait jamais enseigné à frapper ceux qui commettaient des fautes, mais il leur avait enseigné, au contraire, à ne pas frapper, même lorsqu'ils étaient frappés.

Ainsi le christianisme arrivait, en cette matière, aux *antipodes* mêmes du paganisme, et découvrait aux payens des horizons dont ils n'avaient pas même soupçonné l'existence : dire qu'il ne fallait pas frapper ceux qui commettent des fautes, devait paraître à leurs yeux, une doctrine subversive de tout ordre et de toute justice, et dire qu'il ne fallait pas même frapper ceux qui frappent, devait leur paraitre une stupidité ou une folie.

Il fallait le grand nom de Jésus-Christ, et la puissance extraordinaire d'influence et de persuasion dont il était revêtu, pour faire accepter, même *aux juifs,* des théories si contraires aux traditions des hommes pendant quatre mille ans : Mais les grandes intelligences qui étudièrent sa doctrine, dans les premiers siècles, la comprirent, et la développèrent avec une merveilleuse éloquence.

Nous citerons seulement quelques mots de St. Grégoire de Nazianze :

— « Suis cette règle : lorsque tu corrigeras, corrige *avec douceur* et humanité, et non comme un ennemi, ni comme un médecin dur et impitoyable, qui, pour guérir une maladie, ne sait que couper et brûler : reconnais, dans celui que tu corriges, un autre toi-même, et sens, dans son infirmité, ta propre misère... On n'arrache pas un homme, comme on arracherait un vil arbrisseau, ou une de ces fleurs qui n'ont que la durée d'un jour : *Tu es l'image de Dieu,* et, cet homme auquel tu parles, *il est lui-même, aussi bien que toi, l'image de Dieu.* Reprends, exhorte, supplie : voilà ta règle ! Tu es le disciple du Christ qui a été doux et bon, et qui a porté nos infirmités. » (1)

Nous pouvons donc conclure, dès à présent, que le droit des coups, — même avec les restrictions posées par Moyse, — a été aboli par Jésus-Christ, et que c'est au christianisme seul que le monde doit l'initiative d'une des réformes qui intéressait le plus la dignité et la sécurité de l'espèce humaine : La priorité de cette idée, dans l'ordre chronologique, appartient, incontestablement, à l'école chrétienne !

Mais notre tâche n'est point encore accomplie.

Il nous reste à prouver, d'une manière plus topique et plus catégorique, que, sous le christianisme, il a été interdit aux maîtres de frapper leurs esclaves, aux pères et mères de frapper leurs enfants, et aux maris de frapper leurs femmes.

---

(1) . . . Argue, increpa, obsecra : habes medicinæ regulam. Christi discipulus es, mitis ac benegni, et qui nostras infirmitates portavit. (St. Grég. de Naz., orat. 26.)

CHAPITRE VI.

Du code de la famille, sous le christianisme.

Nous avons dit, dans notre seconde étude, que le code de la famille, qui nous avait été donné par les apôtres, était le plus beau qui pût jamais sortir de la main des hommes : Le moment est venu de justifier cette assertion.

Nous serons très-sobres de développements, et nous ne dirons que le strict nécessaire, mais nous devons faire une observation essentielle : c'est que l'interdiction de frapper, *dans la famille,* était, pour les payens, un renversement si complet de toute espèce d'autorité domestique, de discipline et de hiérarchie, qu'il était indispensable de leur faire comprendre ces vérités, sans les blesser ou les irriter.

Nous allons donc voir les apôtres exprimer

leur pensée, mais employer, pour le faire, des circonlocutions et des ménagements de langage dignes d'être médités.

Occupons-nous, d'abord des devoirs des maîtres envers les esclaves.

§ I.

DEVOIRS DES MAITRES ENVERS LES ESCLAVES.

Après avoir exposé les devoirs des esclaves envers les maîtres, les apôtres disaient :

« Et vous, maîtres, faites les mêmes choses pour eux, et *n'employez pas les menaces*, sachant que vous avez, aussi bien qu'eux, le même maître dans le ciel, et que, devant lui, *il n'y a point d'acception de personnes :* rendez-leur ce qui est juste *et équitable* (1).

Essayons de bien déduire les conséquences qui résultaient de ces préceptes.

Si l'on ne devait plus même *menacer* les esclaves, on pourrait donc encore moins les *frapper?* S'il n'y avait plus *d'acception de personnes devant Dieu*, et s'il fallait rendre aux esclaves, non-seulement ce qui était *juste,*

---

(1) Et vos Domini eadem facitote, illis *remittentes minas;* etc. — (Ephes. IV, 9.) — Domini, quod justum et æquum est, servis præstate. (Coloss. IV, 1.)

d'après les lois, mais même ce qui était *équitable*, il faudrait donc admettre que, *dans l'ôrdre des devoirs,* les maîtres et les esclaves devaient être sur le pied de l'égalité?

Assurément.

C'est ainsi que le bon sens et la logique commandaient d'entendre ces paroles, et c'est ainsi, en effet, que les écrivains chrétiens des premiers siècles les avaient comprises.

Si l'on veut avoir une preuve, sans réplique, de la vérité de cette assertion, il faut lire notamment St. Cyprien, dans son livre à Démétrianus, St. Clément, dans ses stromates, St. Chrysostôme, dans ses homélies sur l'épître à Philémon, ou aux Corinthiens.

Citons quelques passages de ces trois auteurs :

« Tu es l'égal de ton esclave devant la vie et devant la mort, — disait St. Cyprien, — et tu *es impérieux;* tu le flagelles, *tu le frappes,* tu l'affliges, tu le tourmentes par la faim, par la soif, par la nudité, souvent même par le fer, et tu oublies, malheureux, quand tu exerces ainsi ton pouvoir, le maître que tu as dans le ciel! » (1)

C'est bien la traduction développée, ou la paraphrase éloquente des paroles de St. Paul :

---

(1) Et non agnocis, *miser*, dominum tuum, cum sic exerceas ipse dominatum. (Cyp. lib. ad Dèmet.)

« Maîtres, disait St. Clément, rendez à vos esclaves ce qui est juste et *équitable*, sachant que vous avez un maître, dans le ciel, où il n'y a plus ni grec, ni juif, ni circoncis, ni incirconcis, ni barbare, ni scythe, ni esclave, ni libre, mais où Jésus-Christ est tout et en tous. L'ÉGLISE TERRESTRE EST L'IMAGE DE L'ÉGLISE CÉLESTE : c'est pour cela que nous disons, dans nos prières, que votre volonté soit faite sur la terre comme dans le ciel! *Prenez donc des entrailles de miséricorde; pardonnez leur comme Dieu vous a pardonné!* » (1)

Tout ceci est d'une magnificence et d'une profondeur philosophique qu'aucun écrivain, antérieur au christianisme, n'a, — certainement, — jamais atteinte. Combien les esclaves, du temps de St. Clément, et tous les déshérités qui souffraient, ont dû tressaillir d'espérance, en songeant que l'*église terrestre doit être l'image de l'église céleste!*

St. Chrysostôme, qui a traité plusieurs fois ce sujet dans ses homélies, disait expressément :

» A vous, hommes, je dis aussi : ne commettez jamais la faute de *frapper* votre femme. Et que dis-je, votre femme? Jamais il ne peut être permis à un homme libre de *frapper même son esclave*, ou de porter les mains sur elle.

---

(1) *Cœlestis autem ecclesiœ imago est terrestris.* (St. Clém. Stromat. liv. 4, § 215.)

Mais si c'est une si grande faute *de frapper même une esclave,* combien n'est-on pas encore plus coupable de frapper une femme libre! » (1)

Attaquant même cet abus jusques dans sa source, il s'écriait :

« Prouvez votre sollicitude, en *n'assujettissant jamais un homme à votre service personnel.* Si vous achetez des esclaves, enseignez-leur des arts, pour qu'ils puissent gagner leur vie, et *affranchissez-les!* — Quand vous les meurtrissez de verges, quand vous les chargez de vos fers, vous ne faites pas, assurément, un acte d'humanité! je sais bien que je suis à charge à ceux qui m'écoutent, mais qu'y faire? je suis ici pour cela, et je ne cesserai de répéter ces choses, avec ou sans profit! » (2)

Il faudrait pouvoir reproduire, en entier, toutes ces pages où respire l'amour de Jésus-Christ pour tous les hommes, et où passe le souffle d'une rare éloquence, pour montrer que, — dès les premiers temps du christianisme, — les esprits éclairés avaient parfaitement compris qu'il était défendu aux maîtres de *frapper* leurs esclaves.

---

(1) Neque *ancillam verberare,* aut ei manus inferre, viro ingenuo fuerit tolerandum. (Epit. 1 ad Corinth. hom. 26, § 6.)

(2) St. Chrysost. Epit. à Philem. hom. 2, § 2 et suiv. — Cùm *emeris, et artes docueris,* ut sibi sufficiant... *eos manumitte.*

La pensée de ces auteurs peut se traduire ainsi : Aucun chrétien n'a le droit de *s'assujettir* un homme pour son service personnel, c'est-à-dire *d'acheter et de conserver des esclaves;* mais, *dans aucun cas,* il n'a le droit de les *frapper,* parce qu'il n'existe aucune différence, devant la loi chrétienne, entre les hommes libres et les esclaves, et qu'elle défend de frapper personne.

§ II.

DES DEVOIRS DES MARIS ENVERS LEURS FEMMES.

Après avoir dit que les femmes devaient être soumises à leurs maris, et cité l'exemple de Sara, qui appelait Abraham : *son seigneur,* St. Pierre disait :

« Que les maris cohabitent *selon la science,* rendant honneur à leurs femmes, comme à des êtres plus faibles, et parce qu'elles doivent hériter, comme eux, de la grâce de la vie. » (1)

Chacune de ces expressions nécessiterait des explications spéciales qui ne peuvent trouver leur place ici, mais nous devons faire ressortir, particulièrement, l'idée de St. Pierre, qui, relevant les femmes de l'état d'abjection où elles

(1) 1. Pierre III, 7. — *Impartientes honorem!*

étaient tenues, sous le paganisme, veut que les maris les traitent avec *honneur*.

St. Paul, qui voulait aussi que les femmes fûssent soumises à leurs maris en toutes choses, *comme au Seigneur*, parce que le mari est le chef de la femme, comme le Christ est le chef de l'Eglise, developpait ainsi l'idée de St. Pierre : (1)

« Vous, maris, aimez vos femmes comme Jésus-Christ a aussi aimé l'Eglise, et s'est livré lui-même pour elle! C'est ainsi que les maris doivent aimer leurs femmes, comme *leur propre corps :* celui qui aime sa femme, s'aime soi-même. Car, personne n'a jamais haï sa propre chair, mais il la nourrit et l'entretient, comme le Seigneur l'Eglise ; parce que nous sommes les membres de son corps, de sa chair, et de ses os. » (1)

Il ne faut pas réfléchir longtemps pour comprendre ce que ces paroles veulent dire.

Si les maris sont tenus d'aimer leurs femmes comme Jésus-Christ a aimé l'Eglise, comment pourraient-ils *les frapper?* Est-ce que Jésus-Christ frappait ses disciples, pour les instruire et pour les corriger? Si le mari et la femme sont deux êtres dans une même chair, comment le mari qui n'a le droit ni de mutiler, ni de

---

(1) *Sicut domino in omnibus.* (St. Paul, Eph. V, 22, 23 et suiv. — Voy. aussi Coloss. III, 19.)

blesser méchamment son propre corps, aurait-il le droit de commettre de pareils actes sur sa femme, qui est aussi son propre corps ? Enfin, si le maître ne peut frapper même son esclave, comment pourrait-il battre et outrager *sa femme* qui est plus qu'un esclave, puisqu'il doit lui *rendre honneur ?*

On devine les réflexions que les paroles des apôtres devaient inspirer aux premiers chrétiens, et les développements que le génie oratoire ou philosophique des Pères de l'Eglise dut trouver sur de pareils textes (1).

Dans l'impossibilité de les citer tous, nous traduisons, seulement, les passages suivants du grand archevêque de Constantinople :

« Dieu, disait-il, ordonne aux maris, de supporter leurs femmes avec leurs vices et leurs défauts : pourvu que la femme ne soit pas *adultère*, a dit Jésus-Christ, *résigne-toi !* fût-elle ivrogne, médisante, bavarde, jalouse, orgueilleuse, prodigue, c'est la compagne de ta vie ! c'est pour cela que tu es son chef : corrige-la donc, fais ton devoir. Quand bien même elle ne voudrait pas s'amender, quand bien même *elle volerait,* sois fidèle à ta mission ! *ne la punis point si sévèrement.* — Que le mari, ne se prévale pas de son autorité pour en venir aux

(1) V. St. Ambroise, épit. 62, § 107, hexameson, liv. 5, ch. 7.

injures et aux coups, qu'il exhorte, qu'il conseille, qu'il raisonne avec elle, comme avec un esprit plus faible que le sien : *que jamais il ne lève la main!* pas même d'injures ou d'invectives! qu'il corrige sa femme, comme un être inférieur à lui-même en raison! — Si vous devez supporter les fardeaux les uns des autres, à combien plus forte raison ne faut-il pas supporter le fardeau d'une femme? Si elle est pauvre, ne lui en fais pas un reproche! Si elle est insensée, ne l'insulte pas, mais sois plus sage qu'elle! elle est un de tes membres : elle est devenue *ta propre chair!* mais elle est dépourvue de raison, elle est ivre, elle est colère? — Alors, plains-là, ne te fâche pas, prie Dieu, avertis-là, éclaire-là, *par tes conseils;* fais tous tes efforts pour la délivrer de ses passions. Si *tu la frappes, tu exaspères son mal : ce n'est pas par la dureté, mais par la douceur, qu'on surmonte la dureté* (1).

On voit, par ces extraits, que le christianisme avait spécialement interdit aux maris de frapper leurs femmes, et que l'enseignement de ces principes devait amener un changement radical dans les mœurs et dans les lois de tous les peuples.

---

(1) Quod si *verberaveris*, exasperabis morbum : asperitas enim mansuetudine, non alia asperitate dissolvitur. (St. Chrys. homél. 15, 20 et 26, sur l'Ep. 1 aux Corinth.)

Personne n'avait encore parlé un pareil langage, avant Jésus-Christ et ses apôtres.

§ III.

DES DROITS DES PÈRES ENVERS LEURS ENFANTS.

Enfin, après avoir fait connaître les devoirs des enfants envers leurs pères et mères, les apôtres disaient :

« Et vous pères, *ne provoquez pas vos fils à la colère,* mais instruisez-les *dans la discipline* et dans la correction du Seigneur. » (1)

Le précepte est impératif et absolu : *ne provoquez pas !* et il faut ajouter qu'il est profondément sage, car on ne gagne et on n'éclaire l'esprit de personne, en l'exaspérant par la colère.

Mais frapper, n'est-ce pas provoquer à la colère ceux qu'on frappe? l'interdiction de provoquer à la colère implique donc, nécessairement, l'interdiction de frapper.

Quand le texte ajoute : « *mais instruisez-les dans la discipline et dans la correction du Seigneur,* » il rappelle implicitement que la disci-

(1) Nolite provocare ad iracundiam filios vestros, sed educate illos in disciplinâ et correptione domini. St. Paul, Ephes. VI, 4.

pline du Seigneur, c'est-à-dire la législation de Jésus-Christ, *ne permet de frapper personne.*

Il faudrait torturer les termes et l'esprit de tous les textes de l'Evangile pour arriver à soutenir que les coups, qui étaient interdits même aux maîtres sur leurs esclaves, sont permis aux pères et mères sur leurs enfants.

Le savant abbé Fleury, dans son histoire ecclésiastique, cite ces paroles de St. Barnabé, qui avait été associé aux apôtres pour l'enseignement de la loi nouvelle :

« Tu ne lèveras pas la main sur ton fils ou sur ta fille, mais, dès leur jeunesse, tu leur apprendras, *la crainte du Seigneur.* » (1)

Le texte grec dit, textuellement : « Tu ne retireras pas ta main de ton fils ou de ta fille. » C'est, évidemment, le même sens, car pour retirer la main, il faut l'avoir portée (2).

Comment aurait-il pu en être autrement?

Nous avons vu que St. Paul avait expressément défendu, — *même aux évêques,* — de frapper, et que les Canons apostoliques avaient compris nominativement, dans cette interdiction, les prêtres et les diacres : comment aurait-il été possible d'accorder à des parents souvent passionnés, brutaux et violents, le droit de faire

---

(1) Fleury, hist. Eccles., liv. 2.

(2) οὐ μη ἀρῇς, — ne retrahas. — St. Barnabé, ép. cath., via lucis.

ce qui était interdit aux personnes les plus sages, et qui doivent être les modèles de tous les autres ?

Une pareille anomalie aurait choqué la justice et la raison.

Il aurait fallu effacer le précepte de l'Evangile qui a dit : « *Soyez parfaits !* » et soutenir que la justice de Jésus-Christ ne devait pas dépasser la justice des scribes et des pharisiens, pour admettre que la loi des Hébreux restait, sur ce point, en vigueur.

Aucun des interprètes pénétrés de l'ensemble des textes et de l'esprit du nouveau Testament ne pouvait arriver à ce résultat : Pour rendre cette vérité encore plus évidente, nous citerons encore ces dernières paroles de St. Isidore de Peluse :

« Il faut, selon moi, — disait-il, — que celui qui avertit n'agisse ni par *les coups,* ni par les *injures,* ni *par la lutte ouverte :* Il doit seulement réprimander avec liberté, sans rien redouter et sans rien craindre. » (1)

Ces paroles déterminent nettement le carac-

(1) Oportet enim, arbitror, admonemtem neque *verberibus* agere, neque convicia jacere, aut fortiter repugnare, sed reprehendere duntaxat cum libertate, nihil verentem, nihil metuentem. (Lett. à Héraclide, n° 290.) — Nova vero atque inaudita prædicatio quæ verberibus fidem exigit. (St. Grégoire-le-Grand, lett. 53, liv. 3, à l'évêque Jean.)

tère et l'étendue du droit de correction vis-à-vis des esclaves, des femmes, et même des enfants.

Résumons, en quelques mots, les idées du droit payen et du droit chrétien sur le fondement de l'autorité dans la famille :

La base de l'autorité, dans la constitution de la famille payenne, c'est *la force matérielle :* tout s'y traduit par le fer et par le fouet; au contraire, la base de l'autorité, dans la constitution de la famille chrétienne, c'est *l'influence morale :* tout s'y fait suivant cette maxime de St. Paul : « *Si nous vivons par l'esprit, marchons par l'esprit.* » (1)

Dans la famille payenne, pour se faire obéir, on admet, *légalement*, une chose : la violence! dans la famille chrétienne, on n'admet que : « *L'instruction et la correction, suivant la discipline de Jésus-Christ,* » c'est-à-dire la persuasion, la réprimande, *l'exemple,* qui sont les plus irrésistibles des forces, et les plus efficaces des enseignements.

Tel est le code de la famille, sous le christianisme : N'avions-nous pas eu raison de dire qu'il était le plus humain et le plus parfait qui pût sortir de la main des hommes?

---

(1) Galat. v. 25. — *Spiritualia faciamus.* (Version éthiopienne.) — Voy. St. Grégoire de Nazianze, sermon VIII, in fine. — A son père, lorsqu'il lui donne le soin de l'église de Nazianze.

Jamais contraste entre le droit payen et le droit chrétien ne pouvait se produire d'une manière plus saisissante.

Si le mot de révolution peut s'entendre dans un sens légitime et pacifique, on peut dire que jamais révolution plus radicale ne pouvait bouleverser les institutions séculaires de la famille.

Et, cependant, cette révolution est faite !

CHAPITRE VII.

État des progrès accomplis : indication des progrès qui restent à accomplir.

Pour faire saisir toute la portée des réformes que la propagation des principes du droit hébraïque et du droit chrétien a introduites dans la constitution de la famille, il est nécessaire de relever, dans les ouvrages de droit ou d'histoire, la date des lois ou des écrits qui, à partir de Jésus-Christ, ont commencé à renverser les principes de l'ancien droit.

D'abord, il est parfaitement certain que la première idée de l'abolition de la castration *sur les hommes* a commencé à poindre, dans le droit romain, sous l'empereur *Domitien*.

Ce fait historique nous est attesté par Suétone, par Martial, par Stace, et par d'autres auteurs, tels que Xiphilin, qui avait copié Dion-Cassius.

Domitien a succedé à son frère Titus, l'an 81 de l'ère chrétienne, et a été remplacé par Nerva, l'an 96 : c'est donc entre l'année 81 et 96, — c'est-à-dire vers la fin du premier siècle, — que l'abolition de la castration a été introduite, pour la première fois, dans les lois payennes.

Or, il y avait, à cette époque, plus de seize cents ans que les lois de Moyse avaient devancé, sur ce point, les lois romaines, et plus de cinquante ans que les apôtres avaient apporté les lois hébraïques à Rome (1).

En abolissant la castration, Domitien n'avait, certes, pas été touché par des considérations chrétiennes.

L'histoire rapporte qu'il s'était arrêté à cette idée en haine de l'empereur Titus, et parce que Titus aimait les eunuques : Il avait pensé que le meilleur moyen de déshonorer la mémoire de son frère, c'était de flétrir par des lois tout ce que son frère avait aimé (2).

Mais l'idée hébraïque ne tarda pas à se faire jour, même dans les écrits du paganisme.

---

(1) Castrari mares vetuit. Suet. vie de Domit., § 7. — Utraque tu prohibes... nec spado jam, te præside, quisquam. (Mart., liv. 6, épigr. 2.)

Nec lege sinistrâ.

Ferre timent famulæ natorum pondera matres.

(Stace, liv. 3, sylv. 4, v. 74...) Zonar.

(2) Tamen quod Titus exsectos quoquè plurimùm dilexerat, vetuit, *in ejus contumeliam*, ne quis in posterùm intra fines imperii romani castraretur. (Xiphilin in domitium, lib. 67, ch. 2.)

A cette époque, il y avait un avocat célèbre qui avait occupé, pendant vingt ans, une chaire de rhétorique, à Rome : c'était Quintilien.

Quintilien raconte lui-même, dans ses Institutions oratoires, que Domitien lui avait confié l'éducation de ses deux neveux, qui étaient les fils de Domitilla, sa sœur, et du consul Flavius Clément (1).

Domitilla et Clément avaient embrassé le christianisme : on sait même que, pour ce fait, Flavius fut mis à mort par ordre de l'empereur, et que sa femme fut reléguée dans l'île Pandataire.

Il est aisé de comprendre que le maître, en contact continuel avec le père et la mère de ses deux élèves, ne pouvait pas ignorer complètement les principes de *l'exécrable superstition*, (comme disait Tacite), qui avait fait irruption dans le palais des empereurs, dès le temps de Néron et de Vespasien.

On trouve, en effet, dans Quintilien, un passage très-curieux que nous devons citer :

Après avoir comparé les déclamateurs aux marchands d'esclaves qui, pour procurer une beauté factice aux jeunes garçons dont ils faisaient le trafic, les dépouillaient de leur virilité, il s'exprime ainsi :

---

(1) Quint. instit. orat., liv. 4, § 1 et suiv.

« Pour moi, quand je considère la nature, il n'y a pas d'hommes ayant sa virilité qui me paraisse plus beau que le plus bel eunuque : *Je ne croirai jamais la Providence si ennemie de son propre ouvrage,* qu'il faille mettre la débilité au rang des perfections de la nature humaine, et l'on ne me persuadera pas qu'une main impie puisse faire quelque chose de beau d'un être qui serait regardé comme un monstre, s'il était né dans l'état ou le fer l'a réduit. Que l'imposture d'un sexe équivoque serve donc à la débauche tant qu'on voudra, la dépravation des mœurs ne rendra jamais bon et honnête ce qu'un caprice extravagant a rendu cher et précieux. » (1)

Mais à quelle époque ces lignes ont-elles été écrites? sont-elles antérieures aux lois de Domitien sur l'interdiction de la castration, où sont-elles, au contraire, postérieures?

Il est, d'abord, certain qu'elles ont été écrites après que Domitien eut succédé à Titus, car Quintilien l'appelle : *Sanctissimus censor et augustus*, — titre qu'on ne donnait qu'aux empereurs : Il est, d'ailleurs, non moins certain que le précepteur des deux princes, — que Domitien destinait à l'empire, — n'aurait pas

(1) — . . . . Nee tam aversa unquàm videbitur *ab opere sùo providentia,* ut debilitas inter optima inventa sit. (Quint. instit. orat. liv. 5, ch. 12.)

osé se permettre d'écrire contre la castration, si l'empereur n'avait pas été de cet avis.

Nous devons donc conclure que les lignes qui précèdent sont postérieures aux lois de Domitien, et comme elles ne se trouvent que dans le cinquième livre des Instituteurs oratoires, nous sommes bien certain qu'elles n'ont pu être écrites avant l'année 92 de l'ère chrétienne.

Quoiqu'il en soit, l'idée hébraïque et chrétienne, qui considérait la castration comme un attentat contre les œuvres de *la Providence,* se trouve reproduite, pour la première fois, dans le monde, par la plume même d'un *écrivain payen,* et, à partir de cette époque, elle va s'affirmer de plus en plus dans la législation romaine.

Un sénatus-consulte rendu sous l'empereur Nerva, vers l'année 97, punit de la peine édictée par la loi *Cornelia* celui qui avait fait un homme eunuque, soit pour en tirer du profit, soit dans un but de débauche et de volupté (1).

L'empereur Trajan qui succéda, vers la fin du Ier siècle, à l'empereur Nerva, fit également décider, par un sénatus-consulte, que celui qui avait livré son esclave, pour en faire un eunuque, serait condamné à une amende de la moitié de ses biens.

---

(1) Libidinis causâ vel promercii. Digest., liv. 48, tit. 8. — Leges tulit multas, inter quas ne mares castrarentur. (Dion Cassius, vie de Nerva.)

Enfin l'empereur Adrien (de 117 à 138) publia une constitution qui défendait de faire subir aucune opération de cette nature aux esclaves (1).

Après avoir rappelé, dans un rescrit, ces sénatus-consultes et ces constitutions, il ajoutait : « Il n'est permis à personne de faire des eunuques, ni hommes libres, ni esclaves, ni malgré eux, *ni de leur consentement* : personne ne doit se présenter pour se faire eunuque (2).

On n'est donc arrivé seulement, que *vers le milieu du IIe siècle, à consacrer d'une manière complète,* dans le droit romain, les principes que le droit hébraïque avait admis plus de seize siècles auparavant, en matière de castration.

Vers cette même époque du IIe siècle, dans la Syrie et l'Osrohène, un des Agbares, roi d'Edesse et d'Osrohène, contemporain et ami du chrétien Bardesane, ordonna que tous ceux qui se feraient ainsi mutiler auraient les mains coupées (3).

Pour éviter un écueil, il tombait dans un autre.

---

(1) Digest., liv. 48, tit. 8. — Qui thlibias faciunt in eadem causâ sunt quâ hi qui castrant.

(2) Nemo enim liberum, servum ve, invitum *sinentem* ve, castrare debet : neve quis se sponte castrandum præbere debet. (Loc. suprà cit.)

(3) Eusèbe prép. Evang., liv. 6, ch. 10 et notes de traduct. (De St. Brisson.)

D'autres souverains, autorisés par ces exemples, et subissant l'influence des mêmes idées, continuèrent à interdire la castration, et à la réprimer par des peines sévères (1).

Parmi ces souverains, nous pouvons citer les empereurs Constantin, Léon et Justinien.

Mais sans poursuivre, sur ce point, nos investigations historiques, à travers les siècles qui se sont écoulés depuis ces empereurs jusqu'à nos jours, nous dirons qu'aujourd'hui ces principes sont admis dans presque toutes les législations modernes.

Nous arrivons à la circoncision.

Sous le règne d'Antonin-le-Pieux (de 138 à 161), on fit, à Rome, une loi qui interdit formellement la circoncision dans tout l'empire romain, à l'exception seulement des juifs.

Ceux qui, en dehors de cette religion, pratiquaient sur autrui ou sur eux-mêmes la circoncision, étaient punis de la même peine que celui qui pratiquait ou subissait volontairement la castration (2).

On trouve encore dans les sentences du jurisconsulte Paul, et dans un fragment d'Ulpien

(1) Cod. liv. 4, tit. 42. — Nov. 142, tit. 25. — Imp. Leon. constit. 60.

(2) Circumcidere judæis *filios suos* tantùm rescripto divi pii permittitur. Dig. liv. 48. — Cives romani qui se, judaico ritu, *vel servos suos* circumcidi patiuntur, etc. (Paul V, tit. 22, § 3.) — Digest., liv. 50, tit. 2, § 3.

inséré au Digeste, l'état de la législation romaine, en cette matière, sous les empereurs Antonin et Verus.

Les empereurs Justinien et Léon confirmèrent l'interdiction de la circoncision prononcée par leurs prédécesseurs, et l'on peut dire qu'aujourd'hui cet usage a cessé d'exister parmi les nations chrétiennes, conformément aux principes posés par l'apôtre St. Paul (1).

Mais un fait curieux et digne d'être remarqué, c'est qu'à l'origine, cette interdiction, prononcée par les empereurs payens, avait précisément pour but d'empêcher les payens d'embrasser la *superstition juive* (2).

La Providence se sert souvent ainsi de l'aveuglement même de ceux qui lui résistent pour accomplir ses desseins : l'histoire nous en fournit de nombreux exemples.

Ce fut en 315, sous l'empereur Constantin, que l'usage des stigmates, employés *à titre de peine*, commença à disparaître de la législation romaine.

« Si, disait cet empereur, quelqu'un est condamné aux mines, qu'on n'écrive, en aucune façon, sur *son visage* : une seule inscription

---

(1) Cathecumenon non circumcidito. (Nov. Justin. 37.) Verifica baptismi aqua circumcisionem exuit. (Nov. Leon 55.)

(2) Eis qui judaicam superstitionem sequuntur etc. Dig., liv. 5, tit. 2, § 3.

peut être mise sur ses mains et sur ses jambes. *Le visage, qui a été fait à l'image de la bonté céleste, ne doit jamais être maculé.* » (1)

Nous admirons ce premier effort d'un prince chrétien qui rendit plusieurs autres services à la cause du progrès et de la civilisation, mais il faut bien reconnaître que cette abolition des stigmates, à titre de peine, ne s'appliquait encore *que pour le visage.*

On continua, partout, de marquer les criminels sur les épaules, sur les mains, sur les jambes, et ce n'est encore que dans ces derniers temps que la peine de la marque ou de la flétrissure a disparu définitivement en France (2).

Le fait le plus considérable qui s'est accompli, — au moins dans notre législation française, — c'est que le droit de mutilation, de blessures et même de coups, a été aboli dans la famille : Aujourd'hui le mari qui bat sa femme, le père ou la mère qui frappent leurs enfants, le maître qui exerce des violences sur ses domestiques, est puni comme s'il avait commis les mêmes faits sur des étrangers.

Ce droit a été même aboli, d'une manière générale, dans l'Etat.

---

(1) Minimè in ejus facie scribatur. Facies, quæ ad similitudinem pulchritudinis est cælestis figurata, minimè maculetur. (Cod. lib. 9, tit. 46, liv. 17.)

(2) Loi du 28 avril 1832.

Sur tous ces points, notre droit pénal est en parfaite harmonie, non-seulement avec le droit hébraïque, mais encore avec le droit chrétien.

Les progrès réalisés sont donc immenses, et l'on ne saurait exprimer trop hautement sa reconnaissance envers les hommes qui, par leurs écrits ou par leurs efforts, ont conduit le monde à ce résultat.

Il existe, toutefois, à notre sens, quelques lacunes regrettables, dans notre législation française, et sur lesquelles il serait bon d'appeler l'attention des savants.

Ainsi, — et pour ne citer que la plus sérieuse et la plus importante de ces lacunes, — en dehors des articles 41 et 42 de la loi du 28 avril 1832, sur le recrutement de l'armée, qui décident que les jeunes gens appelés à faire partie du contingent de leur classe seront punis de certaines peines, lorsqu'ils se sont mutilés volontairement dans le but de se rendre impropres au service militaire, il n'existe aucune loi qui punisse la mutilation des membres ou la castration sur soi-même (1).

Et, en effet, lorsque nos lois restent muettes devant l'homme qui se tue, on ne s'expliquerait pas pourquoi elles s'indigneraient devant l'homme qui ne fait que se mutiler.

---

(1) Répert. du Pal. V° castration, n° 15. -- Conf. Répert. de Dalloz. Eod. Verb. § 191.

Nous comprenons très-bien que des législateurs *athées*, ou qui se placent en dehors de toute idée religieuse, ne veuillent envisager ces questions qu'au point de vue *utilitaire*, et décident qu'il n'y a lieu de réprimer ou d'interdire aucun des attentats qu'un homme peut commettre sur lui-même, — surtout, lorsque ces attentats ne portent pas un préjudice très-grave à la société.

A ce point de vue purement matérialiste, ils sont parfaitement conséquents.

Mais, nous comprenons moins bien que des législateurs *chrétiens*, c'est-à-dire des hommes qui acceptent, — au moins en théorie, — les principes de l'ancien et du nouveau Testament, n'envisagent pas ces questions d'une manière plus élevée, et croient devoir rester désarmés ou indifférents devant des actes de cette nature.

A ce point de vue chrétien et spiritualiste, ils ne sont pas entièrement logiques.

En effet, ils ont déjà tellement admis le principe que l'homme est une créature marquée d'une empreinte divine, c'est-à-dire faite à l'image de Dieu, et qui ne s'appartient pas à elle-même, qu'ils ont reconnu que l'homme était hors du commerce et ne pouvait pas se vendre : ils ont même reconnu qu'il ne pouvait pas *se louer pour toute sa vie*, « parce qu'il se placerait, ainsi, dans un état qui répugnerait à la liberté et à la dignité humaines. » (1)

Pourquoi s'arrêtent-ils là ?

S'ils reconnaissent que l'homme ne peut ni *se vendre,* ni *se louer pour toute sa vie,* c'est-à-dire aliéner la propriété de son corps ou sa liberté d'une manière définitive, pourquoi ne lui appliquent-ils pas, en matière de suicide et de mutilation volontaire, les principes qu'ils lui appliquent en matière de vente et de louage, et ne décident-ils pas, à plus forte raison, qu'il n'a pas le droit de détruire ainsi son corps et sa liberté d'une manière définitive ?

S'ils reconnaissent qu'on peut interdire à l'homme de *se mutiler* pour se rendre impropre au service militaire, pourquoi ne reconnaissent-ils pas, en même temps, qu'on peut lui interdire de *se mutiler* pour se rendre impropre à un travail ou à un service quelconque ?

Enfin, s'ils reconnaissent qu'il est permis d'interdire à l'homme *de se louer pour toute sa vie,* parce que cet état répugnerait à la *dignité humaine,* pourquoi ne pourraient-ils pas aller jusqu'à reconnaître qu'on peut lui interdire de commettre, méchamment ou inutilement, sur lui-même, les actes *extérieurs* qui tendent à déshonorer, en lui, l'œuvre de Dieu ?

---

(1) Art. 1598 et 1780 Code Nap. — Marcadé, sur l'art. 1780.

Nous voudrions donc qu'après avoir déclaré qu'il est interdit de se suicider, et que les testaments de ceux qui se suicident sont nuls et non avenus, le législateur, — généralisant la disposition qui défend de *se mutiler* pour se rendre impropre au service militaire, — décidât qu'il est interdit *de se mutiler méchamment pour une cause quelconque,* et que ceux qui se mutilent seront privés de leurs droits civiques et politiques.

On ferait disparaître, ainsi, des incohérences d'idées ou des défauts de logique qui doivent commencer à frapper l'esprit public; on mettrait notre législation criminelle .en harmonie avec notre législation civile et religieuse; on édicterait contre les coupables des peines modérées, appropriées à nos mœurs modernes, et d'une application facile et pratique : Il n'y aurait donc que des avantages à introduire ces dispositions, dans nos lois, et on ne peut pas dire, assurément, qu'elles dépareraient notre législation.

Nous n'allons pas plus loin, quant à présent.

Cependant, si notre voix pouvait être encore entendue, nous insisterions, surtout, pour que l'usage de la bastonnade et de la flagellation, qui existe encore dans les lois de quelques nations chrétiennes, soit définitivement supprimé.

C'est, véritablement, une honte et un déshonneur pour ces nations.

Trente-deux ans, environ, après la prédication du christianisme, Sénèque, le philosophe, écrivait à son ami Lucilius une lettre qu'on pourrait encore utilement méditer.

On y lisait ces paroles :

« Les maîtres doivent-ils être plus difficiles que Dieu qui se contente de respect et d'amour? *mais l'amour est incompatible avec la crainte.* Vous avez donc raison de ne pas vouloir être redouté par vos esclaves, et de ne les *châtier que par les paroles : les coups ne sont faits que pour les bêtes.* » (1)

N'est-il pas pénible de voir encore des *chrétiens,* — plus arriérés, sur ce point, que ne l'était, il y a dix-huit cents ans, un philosophe qui commençait à entendre parler du christianisme, — prétendre qu'on peut encore appliquer *à des hommes libres* un traitement qu'il trouvait injuste d'appliquer *aux esclaves,* du temps de Néron?

Il serait temps de comprendre, selon nous, que, si l'on peut, — comme il le disait, — châtier les hommes par les paroles, il n'y a que les animaux qu'il soit permis de châtier par les coups.

---

(1) Non potest amor cum timore misceri. rectissimè ergo te facere judicio, quod timeri à servis tuis non vis, quod *verborum* castigatione uteris. *Verberibus muta admonentur !* (L. 47.)

CHAPITRE VIII.

Conclusion.

Après avoir établi que les nations payennes, avaient admis, pendant plus de quatre mille ans, sans contestation, la mutilation des membres, la castration et les stigmates, nous avons établi, par des textes authentiques et indiscutables, que chez les Hébreux, — *seuls*, — depuis Moyse jusqu'à Jésus-Christ, ces actes avaient été considérés comme des crimes et formellement interdits par leurs lois, spécialement dans la famille.

Nous avons également établi, par des textes précis et incontestés, que c'est le christianisme seul qui, le premier, et d'une manière générale, a reprouvé et interdit l'usage de la circoncision et des coups sur l'homme; en sorte que c'est au mosaïsme et au christianisme que revient, dans l'ordre des temps, l'honneur d'avoir substitué, parmi les peuples payens, l'idée de l'inviolabilité absolue non-seulement *de la vie*, mais encore de la *personne humaine*, dans la famille, à l'idée du droit de propriété de l'homme sur l'homme, — source des plus monstrueux abus.

Enfin, nous avons fait comprendre cette vérité capitale, que ces trois systèmes de législation, successivement étudiés, — *paganisme*, *mosaïsme* et *christianisme*, — ne sont que des applications rigoureuses ou des déductions logiques de l'idée que chacun d'eux avait adoptée sur l'origine et la destinée de l'homme, et qu'il est impossible de les expliquer rationnellement si l'on ne se reporte, sans cesse, à ce point de départ.

A mesure que les législateurs, — se détachant des souvenirs de la cosmogonie payenne, — seront mieux convaincus qu'ils font des lois, non pour des êtres qui périssent *tout entiers*, mais pour des êtres participant, dans une certaine mesure, à l'essence et à l'immortalité divines, ils réaliseront encore de nouveaux progrès dans leurs codes, et se rapprocheront, de plus en plus, de la perfection évangélique.

Ce qui avait paru impossible, avant Jésus-Christ, s'est fait : ce qui paraît encore impossible aujourd'hui, se fera; et il ne faut pas être un grand prophète pour prédire le triomphe définitif du droit chrétien sur le droit payen, par l'introduction graduelle et de plus en plus complète de ses principes dans les législations positives de tous les peuples.

Si l'on demandait pourquoi déjà tant de siècles se sont écoulés sans que cet événement se soit produit, d'une manière plus sensible, nous pourrions en donner une excellente raison : C'est que plusieurs de ces principes étaient encore d'une perfection trop haute pour pouvoir être appliqués, et que, considérés au point de vue de leur développement moral, les peuples n'étaient, sous beaucoup de rapports, que des barbares, ou des enfants.

Mais il ne faut pas se décourager.

En admettant que trente-trois ans représentent, en moyenne, la durée d'une génération humaine, cinquante-six générations seulement se sont succédées sur la terre, depuis le jour où les apôtres ont commencé à prêcher le christianisme, et si l'on tient compte des difficultés de toute nature qu'il a fallu surmonter pour en répandre les premiers éléments, il est vrai de dire que l'évolution dans les voies nouvelles ne fait, en quelque sorte, que de commencer.

Ne soyons donc pas surpris si, pour découvrir notre route, nous tâtonnons, parfois encore, comme des voyageurs égarés dans les ténèbres de la nuit. L'aube est venue, la lumière grandit, et nous pressentons déjà les splendeurs du jour!

Jésus-Christ a prononcé ces paroles : « Si vous persévérez dans ma doctrine, vous serez vraiment mes disciples, et vous connaîtrez la vérité, et la vérité vous affranchira (1).

Ces paroles ne peuvent nous tromper.

Persévérons donc, avec fermeté, dans cette doctrine, que ni les apôtres ni les anges du ciel eux-mêmes, — disait St. Paul, — n'auraient pas eu le pouvoir de changer (2).

C'est elle qui nous affranchira de nos maux et de nos erreurs.

Après de longues discussions, de douloureuses expériences, de cruels mécomptes, l'esprit humain finira par accepter, *scientifiquement*, toutes les vérités qui s'y trouvent déposées, et c'est en nous conformant nous-mêmes à ces vérités, que nous parviendrons, sans secousse et sans trouble, jusqu'au point où nous devons arriver.

---

(1) Et cognoscetis veritatem, et veritas *liberabit* vos! Ev. St. Jean, VIII. 32.

(2) Sed licet nos, aut angelus de cælo, Evangeliset vobis *præterquam quod Evangelisavimus vobis*, anethema sit. (Ep. aux Gal. 1, 8.)

CRITIQUES.

Pour bien juger, il faut avoir toutes les pièces d'un procès sous les yeux : Nous allons donc mettre sous les yeux des lecteurs les critiques qui ont été faites.

§ I.

PREMIER VOLUME.

Quelques personnes ont dit : « Ce qui est affirmé de l'ignorance *de l'ancien Testament* touchant la destinée de l'homme est bien absolu, et une étude plus approfondie de la question ne manquerait pas de conduire l'auteur à une toute autre conclusion. »

Nous avons dit (t. I, p. 95), que « nulle part, ni dans le décalogue, ni dans les bénédictions ou les anathèmes qui terminent sa législation, Moyse n'avait parlé de la destinée de l'homme, après sa mort. »

Dans ces termes, notre assertion est exacte.

Les auteurs sont de cet avis. M. Th. Henri Martin, dans son remarquable ouvrage *sur la vie future*, s'exprime ainsi : « Quand on aborde l'étude du *Pentateuque*, on y cherche, en vain, des *textes positifs* sur ces questions (1). » Il fait même remarquer que la secte des *Sad-*

(1) P. 36, ch. II, Doctrine hébraïque.

ducéens s'autorisait du silence de Moyse pour rejeter l'immortalité de l'âme, et que leur incrédulité, sur ce point, était si bien tolérée par le corps des docteurs, qu'ils pouvaient, malgré cette opinion, arriver à la dignité de grand prêtre.

Nous reconnaissons que, dans les livres sacrés *postérieurs à Moyse*, les questions de l'immortalité de l'âme et de la résurrection des corps apparaîssent d'une manière plus ou moins claire, et que, par suite, il serait trop absolu de dire que *l'ancien Testament, tout entier*, ne s'est pas expliqué sur ces questions. Cette proposition ne peut être vraie que lorsqu'elle s'applique *au Pentateuque*, et c'est ce que nous avions seulement voulu dire, en écrivant que, sur ces questions capitales, « *le législateur des Hébreux* était resté muet. »

La question de savoir si, *dans la réalité*, Moyse connaissait déjà l'immortalité des âmes et la résurrection des corps est controversée. Nous ne pouvons exposer, ici, les raisons, — pour ou contre, — qui ont été présentées, parce que cette dissertation nous conduirait trop loin. Mais, en admettant que Moyse ait connu ces vérités, il est certain qu'il ne les *a pas clairement exprimées*, et qu'il ne les a pas prises, aussi complètement que Jésus-Christ, pour bases de sa législation.

On nous a reproché, en second lieu, de ne représenter Moyse que comme un législateur plus intelligent et meilleur que ceux qui l'ont précédé, mais de ne pas avoir dit assez nettement qu'il était *inspiré par Dieu*. Cette critique ne nous paraît pas exacte. Nous avons dit, en effet (tom. I, p. 77), que « suivant *la doctrine juive* et *la foi chrétienne*, la législation de Moyse était une *inspiration* et une révélation *de Dieu lui-même.* » Il va donc de soi que, quand nous parlons de Moyse, nous sous-entendons ces mots : *inspiré par Dieu*.

§ II.

DEUXIÈME VOLUME.

On nous a reproché d'avoir affirmé, dans les termes les plus absolus, que *tous* les peuples de l'antiquité, sans exception, avaient reconnu au chef de la famille le droit de vie et de mort sur chacun des membres qui la composaient.

C'est une erreur.

Notre thèse a été celle-ci : « Le chef de famille avait, » GÉNÉRALEMENT, sur tous ces êtres dont il s'appropriait » les labeurs, le droit du propriétaire qui peut détruire » *sa chose*, suivant les caprices ou les fantaisies du mo- » ment. » (T. II, p. 4.)

Pour nous mettre en contradiction avec nous-mêmes, on a opposé un passage de Diodore de Sécile, duquel il résulte que, chez les Egyptiens, le meurtre des enfants, par leur père, n'entraînait pas, pour celui-ci, la peine de mort. Nous connaissions ce passage, et nous ne l'avions pas cité, parce qu'il aurait entraîné des éclaircissements trop longs, et qui auraient été *sans utilité pour le but que nous poursuivons*.

Les Egyptiens qui prononçaient la peine de mort contre celui qui tuait un *animal sacré*, ou l'esclave *d'autrui*, avaient-ils réellement admis que le père, qui aurait assassiné son propre enfant, ne recevrait pas même une égratignure ?

En admettant que cette loi singulière ait existé, la peine imposée *au père*, et qui consistait, d'après Diodore, à tenir, pendant trois jours et trois nuits, le cadavre de son enfant, n'était-elle pas beaucoup plus douce que la peine de mort? Un meurtrier qui aurait eu à choisir entre ces deux peines, n'aurait-il pas choisi la première?

Si cette peine était plus douce, n'est-ce pas parce que le père, étant *propriétaire* de l'enfant, la loi n'avait pas osé lui appliquer la peine de l'*homicide*?

Ce sont là de graves questions, qui auraient exigé beaucoup de développements, et, pour ne pas les tronquer, nous avons préféré les écarter.

Nous nous félicitons d'avoir été mis en demeure, par cette critique, de combler cette lacune et de réparer cette omission.

Enfin, on nous a opposé un passage de Tacite, duquel il résulte que, chez les Germains, le fait de borner le nombre de ses enfants ou de tuer quelqu'un des nouveaux-nés était flétri comme un crime. Nous devons faire observer que l'auteur ajoute aussitôt : « Les *bonnes mœurs* ont, à cet égard, plus d'empire que n'en ont ailleurs les *bonnes lois.* » Ne faut-il pas entendre ce passage en ce sens qu'il n'existait pas, chez les Germains, une *loi formelle* qui interdisait l'avortement, l'exposition des enfants et l'infanticide, mais que l'humanité et la sensibilité, naturelles à ce peuple, suffisaient, pour prévenir des faits de cette nature, autorisés chez les autres? Enfin Tacite, en parlant ainsi, *au deuxième siècle de l'ère chrétienne*, n'avait-il pas voulu critiquer, sans les attaquer directement, des abus qui existaient dans la société romaine, et qui commençaient à ne plus être considérés comme indifférents? — Beaucoup de bons esprits l'ont pensé, et nous l'avions pensé comme eux.

Dans de pareilles conditions, nous avions cru pouvoir supprimer ces détails.

Nous nous empressons de les relever, afin de donner satisfaction à des critiques que nous recevrons toujours *avec reconnaissance*, parce que nous ne cherchons et ne voulons que la *vérité*.

Notre thèse générale reste donc debout dans toute sa force, et le monde payen est bien tel que nous l'avons dépeint, au moment où les apôtres sont venus lui apporter une civilisation nouvelle.

TABLE DES MATIÈRES

SECTION PREMIÈRE.

DROIT PAYEN.

SECTION DEUXIÈME.

DROIT HÉBRAÏQUE.

SECTION TROISIÈME.

DROIT CHRÉTIEN.

Douai. — Imp. Dechristé, rue Jean-de-Bologne.

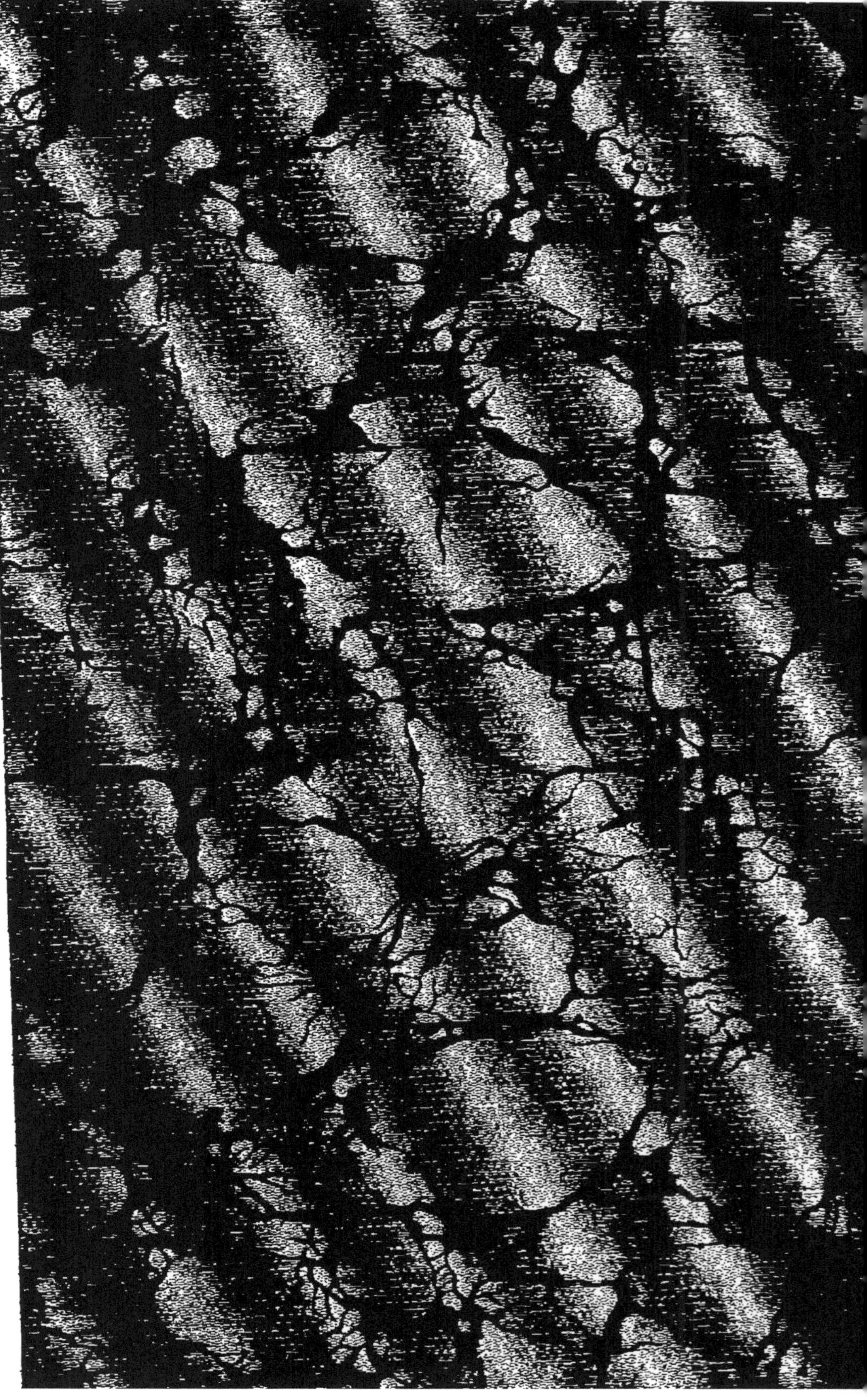

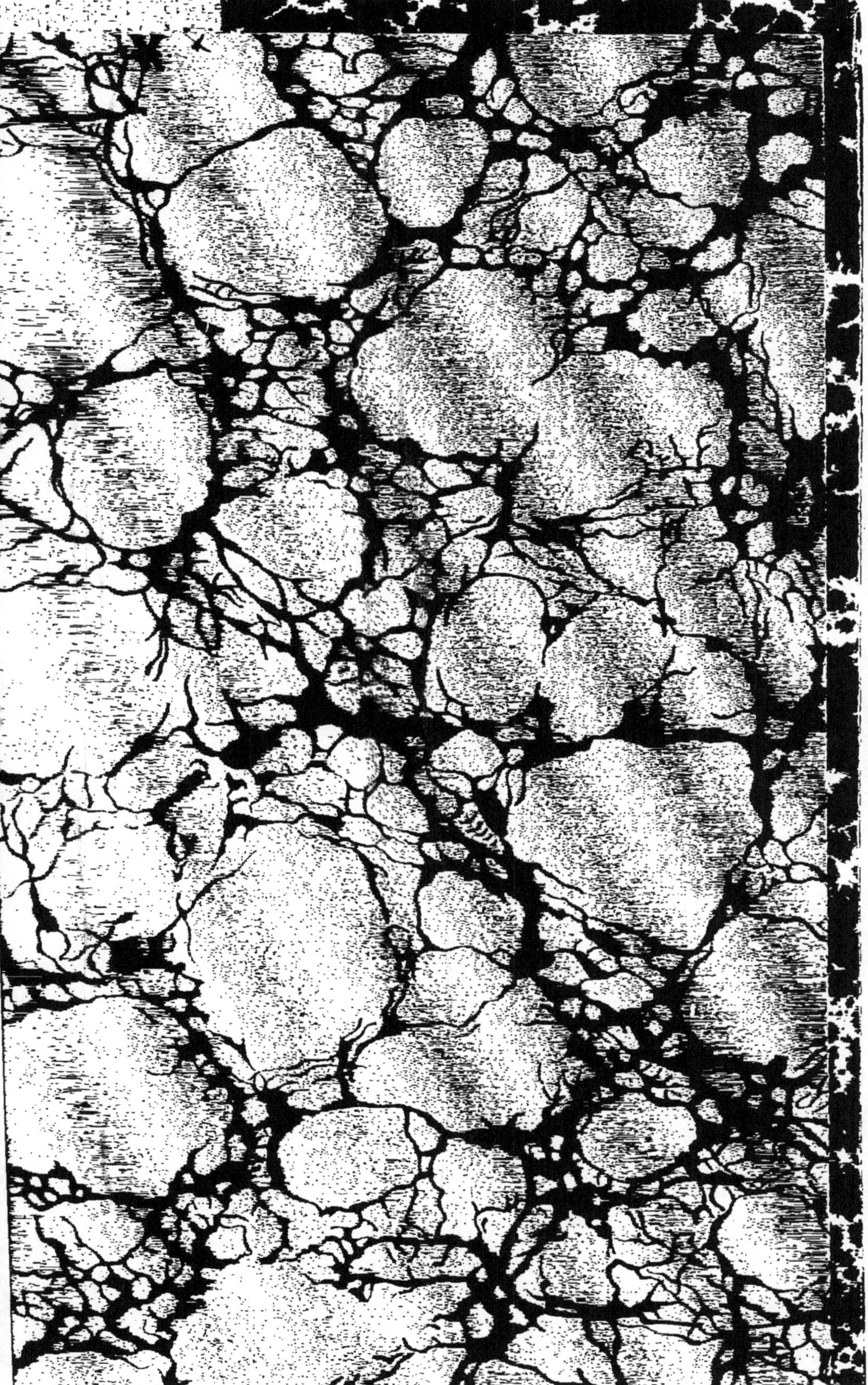

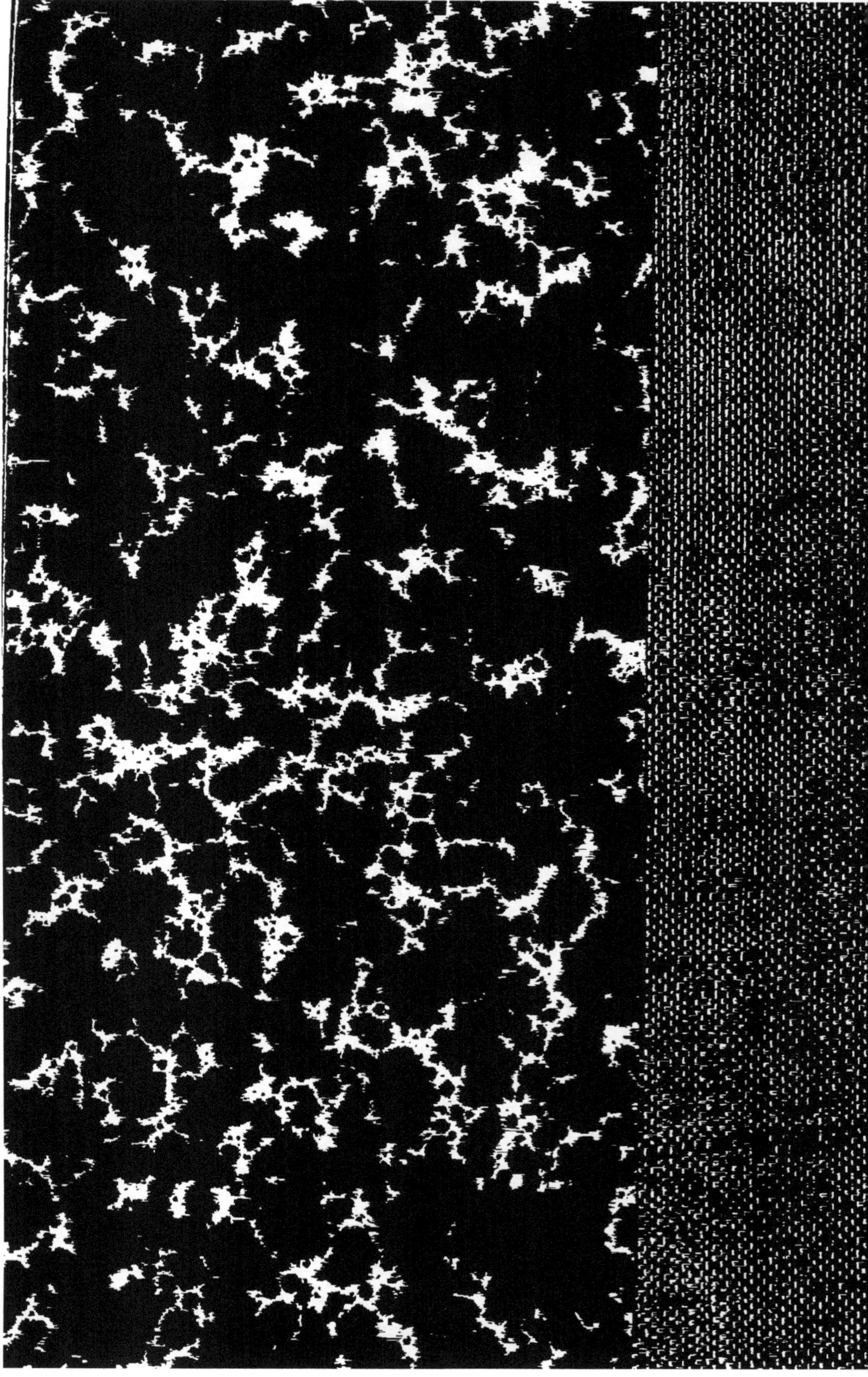

www.ingramcontent.com/pod-product-compliance
Ingram Content Group UK Ltd.
Pitfield, Milton Keynes, MK11 3LW, UK
UKHW020321230726
13925UKWH00002B/550

9 782013 677462